Beck'scheReihe

Länder
BsR 818

Im 17. Jahrhundert Großmacht, seit Napoleon ohne Krieg, hat sich Schweden vom Agrar- zum Industriestaat mit sozialstaatlichem Modellcharakter entwickelt. Das Buch erläutert die geographischen, historischen, wirtschaftlichen, sozialen und politischen Bedingungen des Landes, beschreibt die unterschiedlichen Landschaften und Regionen und gibt praktische Tips für den Touristen. Der Band erscheint in überarbeiteter und erweiterter Auflage auf dem aktuellen Stand.

Gerhard Austrup lebt und arbeitet in Stockholm.

GERHARD AUSTRUP

Schweden

VERLAG C. H. BECK

Mit 7 Abbildungen (Süddeutscher Verlag, München,
Abb. 5 Austrup) und 3 Karten

Für Kathrin, Christoph †,
Henning und Johannes

Die Deutsche Bibliothek – CIP-Einheitsaufnahme

Austrup, Gerhard:
Schweden / Gerhard Austrup. – Orig.-Ausg., 2., neube-
arb. Aufl. – München : Beck, 1997
  (Beck'sche Reihe ; 818 : Aktuelle Länderkunden)
  ISBN 3 406 41961 5
NE: GT

Originalausgabe
ISBN 3 406 41961 5

2., neubearbeitete Auflage. 1997
Umschlagentwurf: Uwe Göbel, München
Umschlagabbildung: Skaföllandet, Westküste
(IFA-BILDERTEAM, München)
© C. H. Beck'sche Verlagsbuchhandlung (Oscar Beck), München 1988
Gesamtherstellung: C. H. Beck'sche Buchdruckerei, Nördlingen
Gedruckt auf säurefreiem, alterungsbeständigem Papier
(hergestellt aus chlorfrei gebleichtem Zellstoff)
Printed in Germany

Inhalt

IV. Zum Umgang mit Minderheiten

V. Auf dem Weg
in die postindustrielle Gesellschaft?

VI. Die Last des Raumes und der Entfernungen

VII. Umweltprobleme und Kernkraftdiskussion

VIII. Stadt und Land

IX. Sprache und Literatur

X. Typisch schwedisch

Anhang

Einleitung

Schweden, flächenmäßig ähnlich groß wie Spanien oder Kalifornien, ist ein langgestrecktes Land. Von Trelleborg im Süden bis zur Grenze mit Finnland und Norwegen weit nördlich des Polarkreises sind rund 1600 km zu überwinden. Obwohl das Land auf den gleichen Breitengraden wie Alaska liegt, ist das Klima dank des Atlantikstromes und vorherrschender Westwinde verhältnismäßig mild.

Eindrucksvoll ist trotz später Besiedlung die Geschichte des Landes, das unter Gustav Vasa zu einem straff geführten Nationalstaat und unter dessen Enkel Gustav II. Adolf im 17. Jahrhundert zur Großmacht aufstieg, so daß die Ostsee als schwedisch-finnisches Binnenmeer galt. Seit den Zeiten Napoleons sind die Landesgrenzen unverändert – abgesehen von der Personalunion mit Norwegen unter schwedischer Krone zwischen 1814 und 1905 –, ist das Land von kriegerischen Auseinandersetzungen verschont geblieben.

Vor allem seit dem strukturellen Wandel vom Agrar- zum Industriestaat prägt die Last des Raumes und der Entfernungen das Land am Nordrand Europas ähnlich wie seine Nachbarn Norwegen und Finnland, zumal die 8,8 Millionen Einwohner zu 90% im südlichen Drittel Schwedens leben. Die Bevölkerung des dünnbesiedelten Staates ist bis 1945 ethnisch sehr homogen gewesen. Abgesehen von einer finnischen-sprachigen Minderheit im Nordosten und rund 15 000 Sami (Lappen) im Norden sprach man eine Sprache. 95% aller Schweden gehörten der lutherischen Schwedischen Kirche an. Nach dem Zweiten Weltkrieg hat man sich jedoch auf Einwanderer und politische Flüchtlinge einstellen müssen. In manchen Gemeinden trifft man auf bis zu 60 verschiedene Sprachgruppen.

Schweden hat als erstes europäisches Land – zunächst auf der Grundlage von Holz, Erz und Wasserkraft – wirtschaftliches Wachstum bis zum materiellen Wohlstand erlebt. Der konsequente Aufbau eines Wohlfahrts- und Sozialstaates unter sozialdemokratischer Vorherrschaft hat das vielzitierte schwedische Modell weltweit bekanntgemacht. Während Kritiker das schwedische Beispiel als „Wohlstandsdiktatur" geißelten, in der Freiheit, Individualität und eigene Initiative wegbürokratisiert werden, sahen vorbehaltlose Befürworter Schweden als Paradies des kapitalistisch-sozialistischen Mittelwegs. Inzwischen haben die harten wirtschaftlichen Realitäten das Land eingeholt, und im Ausland interessiert man sich zunehmend dafür, ob es Schweden gelingt, den Wohlfahrtsstaat den veränderten Rahmenbedingungen anzupassen. Konservative Politiker in der Bundesrepublik verweisen neuerdings auf den Modellcharakter Schwedens, wenn es darum geht, konsequent Sozialleistungen abzubauen und eine strikte Haushaltspolitik zu betreiben.

Schweden, das ist ein mikrokosmisches Beispiel einer übersichtlichen spätindustriellen Gesellschaft, in der lobens- und nachahmenswerte Errungenschaften, aber auch Mängel und menschliche Schwächen offen zutage treten.

Schweden, das ist auch nicht mehr der Garten Eden, keine paradiesähnliche, unbelastete Naturlandschaft. Die Wirkungen des sauren Regens und die Strahlenbelastung nach Tschernobyl werfen ihre Schatten auf einzelne Teile des Landes. Trotzdem findet der Reisende aber auch nach wie vor intakte Seen, faszinierende Schärenküsten, unberührte Fjell-Landschaften, atemberaubende Wildnis und bleibende Naturerlebnisse.

Schweden, ein Land der Vielfalt und Kontraste. Dies gilt für den Naturraum und die Menschen gleichermaßen. Einiges davon soll in diesem Buch beschrieben werden.

I. Grundzüge schwedischer Geschichte

1. In vorgeschichtlicher Zeit

Etwa um 12000 v.Chr. wurden die südlichsten Teile Schwedens eisfrei, wie Geologen aufgrund der Bändertone, das sind verschiedene Ablagerungen des schmelzenden Eises, recht genau ermitteln konnten. Es war der schwedische Geologe Gerard de Geer, der verschiedene Jahresschichten ähnlich den Jahresringen eines Baumes nachwies, da die Schmelzwasser am Südrand der Eisdecke jeden Sommer eine neue Lehm- und Schlammschicht über früheren Ablagerungen zurückließen. Einige Jahrtausende vergingen noch, bis die ersten primitiven Jägerstämme dem weichenden eis nordwärts folgten.

In der jüngeren Steinzeit um 3000 v.Chr. erfolgten erste Bodenbestellungen, bäuerliche Ansiedlungen wurden errichtet. Megalithische Gräber belegen eine Bauernkultur, die sich über Südschweden ausgebreitet hat.

Bronze, eine Mischung von Kupfer und Zinn, die vom Festland und von den Britischen Inseln importiert wurde, prägt die Zeit von etwa 2000–500 v.Chr., aus der verzierte Waffen und Schmuckgegenstände erhalten sind. In dieser Zeit ritzte man vorwiegend in Bohuslän, Schonen und Östergötland Bilder in flache Felsen, vermutlich um höhere Mächte anzurufen.

Aus der jüngeren Bronzezeit stammen die imposanten Schiffsetzungen, eine Grabform, die sich vor allem auf Gotland findet. Im Leben der gotländischen Seefahrer nahm das Schiff einen wichtigen Platz ein. Vielleicht deuten die schiffsförmigen Gräber mit ihren senkrecht stehenden Steinen einen Glauben an ein Totenreich jenseits des Meeres an.

Auf der Grundlage importierter Eisengegenstände und der Nutzung heimischer Erzablagerungen entwickelt sich von ca. 500 v.Chr. an eine Metallkultur. In den Jahrhunderten vor der

Zeitwende lassen sich erste Germanen in Schweden nieder, die der römische Geschichtsschreiber Tacitus allesamt als „Suiones" bezeichnet. Wenig später sind es die Svear, die sich gegenüber anderen Germanenstämmen durchsetzen und dem Land den Namen „Sveariket", heute Sverige (Schweden), geben.

2. Wikinger und Christentum

Mit den Wikingerzügen drangen skandinavische Kriegerscharen nach dem Ausland und suchten ganz Europa und Rußland auf ihren Beute- und Plünderungsfahrten heim. Sie waren aber nicht nur Krieger, die nach Ruhm und Reichtum strebten und das Abenteuer im Kampf suchten, sondern wirkten auch als Händler und Entdecker, wenngleich ihr Handel selten friedlich ablief.

Seit dem 9. Jahrhundert waren schwedische Raubhändler als *Roþ* bzw. *Ruotsi* („Ruderer", daher der Name Rußland) oder Waräger im Ostseeraum und im späteren Rußland aktiv. Doch waren sie keinesfalls so aggressiv und berüchtigt wie ihre dänischen Zeitgenossen, die in England und Frankreich Furcht und Schrecken verbreiteten, während sich die Norweger neben den Britischen Inseln auch Island, Grönland und Nordamerika zuwandten. Auf den Flüssen gelangten die schwedischen Wikinger zum Schwarzen und zum Kaspischen Meer bis hin nach Konstantinopel und brachten Stoffe, Perlen, Silbermünzen und wertvolle Gefäße nach Hause. Geradezu üppig sind die Funde aus jener Zeit. Auf der Schatzinsel Gotland hat man bisher mehr als 40000 arabische Silbermünzen finden können. aus der Wikingerzeit stammen Tausende von Runensteinen – Gedenksteine, deren Inschriften nicht mehr zu deuten sind.

Weitgehend unklar sind auch die Ursachen, die den Wikingerzügen zugrunde liegen. War es Siedlungsdruck infolge einer Zunahme der Bevölkerung, das Anerbenrecht, das nur dem ältesten Sohn den Hof vererbte und die anderen zwang, sich

Grund und Boden in fernen Ländern zu verschaffen? Wollte man den Anfängen der Feudalisierung und einem erstarkenden Königtum entfliehen? Sicher ist hingegen, daß die Wikinger im 7. Jahrhundert die Segeltechnik kannten und ihre überlegene Schiffbautechnik das Fundament ihrer Unternehmungen bildete. Die Funde königlicher Yachten in Norwegen (Oseberg, Gokstad) und der schlanken Handels- und Kriegsschiffe bei Roskilde in Dänemark belegen eindrucksvoll, was die Reiseziele der Wikinger längst offenbart hatten.

In die bewegte Zeit fällt auch die Entstehung der schwedischen Nation, die von der „Wiege des Schwedenreiches", d. h. von Alt-Uppsala, Birka, Sigtuna und schließlich Stockholm gesteuert wird. Nach den ersten Missionsversuchen des Heiligen Ansgar im 9. Jahrhundert sind es englische und deutsche Priester, die in der Zeit nach den Wikingerzügen Schweden in die Römische Kirche eingliedern. Wie hartnäckig sich das Heidentum jedoch im Mälartal hielt, belegt Adam von Bremen in seiner 1070 verfaßten Geschichte, wenn er über Opferriten in Alt-Uppsala berichtet: „Von allem lebenden Mannsgeschlecht werden neun geopfert, und durch ihr Blut sollen die Götter besänftigt werden. Die Körper werden in einem Hain neben dem Heiligtum aufgehängt. Von der Heiligkeit dieses Hains hegen die Heiden so hohe Vorstellungen, daß sie jedem Baum göttliche Eigenschaft zuschreiben, weil an ihm die Körper der Geopferten hängen und verwesen. Dort hängen außer Menschen auch Hunde und Pferde; einer der Christen hat mir erzählt, daß er 72 solche Körper an den Bäumen des Opferhains hat hängen sehen."

Eine straffe Organisation des schwedischen Reiches, zu dem nach den Kriegs- und Kreuzzügen im 12. und 13. Jahrhundert auch Finnland gehört, belegt eine Sammlung von Gesetzestexten einzelner Provinzen, in denen das Leben der Bauern in der Dorfgemeinschaft (byalag) bis in alle Einzelheiten geregelt ist. Wegen ihrer Anschaulichkeit und ihres Alters gelten die Gesetzesbücher als einmalig. Folgende gesetzliche Bestimmungen zur Lösung eines alltäglichen Konfliktes findet man beispielsweise dort: „Wälzt sich ein Pferd, wühlt sich ein Schwein auf

Ackerland, so sühnt der Eigentümer mit solchem Korn, wie auf dem Acker gesät ist, einen Scheffel für jedes dritte Wälzen oder jedes dritte Wühlen."

3. Kalmarer Union und Hanse

Der schwedische Bauernstaat kam im 13. und 14. Jahrhundert immer mehr in Kontakt mit den in der Hanse zusammengeschlossenen deutschen Handelsstädten. Die Wirtschaft des Landes orientierte sich deutlich zur Ostseeküste. hin. Vor allem Mittelschweden mit dem Hafen von Stockholm entwickelte sich zum zentralen Interessengebiet der Hanse, die vor allem auf Kupfer und Eisen aus dem Gebiet um Falun aus war. Städte wie Kalmar, Lödöse, die westschwedische Stadt am Unterlauf des Götaflusses als Vorgängerin Göteborgs sowie Stockholm waren fest in deutscher Hand. Der deutsche Einfluß in der Stadt Kalmar zeigt sich zum Beispiel darin, daß der Rat in der 2. Hälfte des 14. Jahrhunderts in seinen Briefen an Lübeck das Niederdeutsche anstelle des Lateinischen gebrauchte. Auch in Norwegen beherrschten deutsche Kaufleute den Getreidehandel, bestimmten das Wirtschaftsleben. Nur Dänemark widersetzte sich den Expansionsbestrebungen der Hanse. Dort glaubte man, nur ein vereintes Skandinavien könne der Macht an der Ostsee Paroli bieten.

Königin Margareta von Dänemark und Norwegen gelang der Geniestreich, in der Kalmarer Union des Jahres 1397 – in Kalmar waren die entscheidenden Verhandlungen geführt worden – Dänemark, Norwegen und Schweden unter eine gemeinsame Krone zu bringen. 126 Jahre dauerte dieses Zweckbündnis, das in seiner Umstrittenheit nicht ohne Folgen für den Norden blieb, denn die Blöcke Dänemark-Norwegen und Schweden-Finnland standen sich vom Ende der Unionszeit bis Anfang des 19. Jahrhunderts oft in erbitterter Rivalität gegenüber. Margareta jedenfalls nutzte die Gunst der Stunde, als der schwedische Hochadel sie mit ihren Truppen ins

Land rief, um sich den verhaßten Albrecht von Mecklenburg, einen deutschen Fürsten auf Schwedens Thron, vom Hals zu schaffen.

Wenig später, zur Mittsommerzeit im Jahre 1397, kamen Räte, Ritter und Bischöfe aus den drei Ländern des Staatenbundes, um den von Margareta aufgebauten Nachfolger, ihren Großneffen Erich von Pommern, zum König zu krönen. Sein Versuch, die königliche Macht weiter auszudehnen, mußte beim Adel auf Widerstand stoßen. Die Außenpolitik des Königs gegen Holstein und die Hanse bescherte Schweden schon damals hohe Steuern; eine Handelsblockade legte die Ausfuhr des Landes von Eisen und Kupfer aus dem Raum Bergslagen, dem einzigen Industriegebiet jener Zeit, lahm, so daß dort unter der Führung des Bergmanns Engelbrekt ein Aufstand die Union erschütterte, der vom Adel unterstützt wurde.

Weiter erbitterte Kämpfe zwischen Dänemark und Schweden kennzeichnen die folgenden Jahrzehnte. So besiegte Sten Sture als Unionsgegner 1471 die Dänen in der Schlacht am Brunkeberg nördlich von Stockholm; leidenschaftliches Nationalgefühl flammte auf, das ein sichtbares Symbol in der Plastik des aus Lübeck stammenden Malers und Bildschnitzers Bernd Notke erhielt, die den Heiligen Georg im Kampf mit dem Drachen zeigt, der das abscheuliche Dänemark darstellt. Das mittelalterliche Monument aus bemaltem und vergoldetem Eichenholz, eine der bedeutendsten Plastiken des Nordens, ist noch heute in der Stockholmer Hauptkirche, der *Storkyrka*, zu sehen. Ferner beschloß man im Rausch des Sieges, die Nationalitätenvorschriften in der Stadtverfassung zu ändern, so daß in der Stadtregierung für Deutsche kein Platz mehr war, deren Bedeutung in Stockholm aber bis in die Anfänge des 17. Jahrhunderts reichte. Auch die Gründung der ersten Universität des Nordens in Uppsala wenige Jahre später nach dem Vorbild Bolognas ist als indirekte Folgewirkung des Sieges am Brunkeberg zu verstehen.

Bevor schließlich Gustav Vasa der Union 1521 ein Ende bereitete und Stockholm zur Hauptstadt Schwedens machte, ließ der dänische König Christian II. im sogenannten Stockholmer Blutbad führende Anhänger der Selbständigkeitspartei heimtückisch hinrichten.

4. Gustav Vasa, der Nationalheld

Nicht immer ist es leicht, zwischen Dichtung und Wahrheit zu unterscheiden, wenn es um die wohl schillerndste Figur unter den schwedischen Königen geht, nämlich Gustav Eriksson, bekannter unter dem Namen Gustav Vasa (= Kornähre), einem Beinamen aus dem Wappen des Adelsgeschlechts, der ihn aus der anonymen Masse der vielen Erikssons heraushebt. „Vater des Vaterlandes", „Urschwede auf dem Königsthron" oder „Freiheitsheld" sind nur einige der Attribute, die über Jahrhunderte, von Ehrfurcht und Pathos geprägt, das Bild des Heldenkönigs bestimmen, der schon zu Lebzeiten die Legendenbildung um seine Person systematisch betrieb. Erst in der Gegenwart fördert kritischere Geschichtsbetrachtung ein realistischeres Bild des Vasa-Königs zutage: „Er war Choleriker und Opportunist, mißtrauisch, schlau berechnend und wenig wählerisch in seinen Mitteln, wo es um die Macht und seine Absichten ging. Er war ein glänzender Demagoge, der zum Ziele kam durch sichere psychologische Berechnung, durch die Gewaltsamkeit seines Temperaments oder – nicht zuletzt – durch den unwiderstehlichen Charme, den er entwickeln konnte, wenn er wollte" (Andersson, S. 182).

Aus dänischer Gefangenschaft entflohen, gelangte der mit dem bekannten Sture-Geschlecht verwandte Gustav Vasa, dessen Vater und Schwager wenig später im berüchtigten Stockholmer Blutbad getötet wurden, über Lübeck in die mittelschwedische Landschaft Dalarna, wo er seinen Aufstand gegen den dänischen König organisierte. Legende oder Wahrheit? Vasa soll jedenfalls schon frustriert nahe der norwegischen Grenze gewesen sein, als die Dalarna-Bauern ihn auf Skiern von Mora aus zurückholten und zum Hauptmann der Erhebung gegen die verhaßten Dänen machten. Seit 1922 findet zur

Abb. 1: Schloß Gripsholm auf einer kleinen Insel im Mälarsee bei Mariefred. Gustav Vasa ließ das wuchtige Gebäude mit seinen mächtigen Mauern, Türmen und Verteidigungsanlagen 1537–44 errichten. In Mariefred wohnte Kurt Tucholsky, der hier seine bekannte Erzählung „Schloß Gripsholm – eine Sommergeschichte" verfaßte.

Erinnerung an diese Begebenheit der Vasa-Lauf *(Vasa-loppet)* statt, an dem jährlich in umgekehrter Richtung von Sälen nach Mora über eine Strecke von 90 km Tausende von Skienthusiasten teilnehmen.

Günstige Umstände führten dazu, daß Gustav Vasa 1521 nach erfolgreichem Aufstand Reichsverweser und 1523 gar König von Schweden wurde: Dänemarks Christian II. mußte sich mit innenpolitischen Schwierigkeiten auseinandersetzen, während die Hanse aus wirtschaftlichen Motiven auf eine Ende der Union im Norden lauerte und den schwedischen König mit Söldnern, Schiffen und Barmitteln reichlich unterstützte.

Die gegen Lübeck gerichtete Politik der Dänen konnten schließlich die Bergbauunternehmen in Mittelschweden nicht hinnehmen, die daran interessiert waren, ihr Kupfer zu exportieren.

Als Gustav Vasa nach fast vier Jahrzehnten Machtausübung verstarb, hatte er dem 16. Jahrhundert seinen Stempel aufgedrückt: Auf dem Reichstag zu Västerås 1527 brach er mit der katholischen Kirche, nicht weil er als begeisterter Anhänger die Ideen der Reformation verfocht, sondern weil er in der Reformation ein Mittel zum Zweck sah. Das Eigentum der Römischen Kirche, 21% an schwedischem Grund und Boden, gingen an den Staat und den im Luxus lebenden König selbst über, die evangelisch-lutherische Staatskirche mit Vasa als Oberhaupt wurde aufgebaut. Die Übersetzung des Neuen Testaments und der Bibel trug wesentlich dazu bei, eine schwedische Landessprache zu schaffen. Gleichzeitig baute Vasa Gustav einen straff organisierten Verwaltungsapparat auf und zwang die Landschaften und Provinzen in den feudalen Einheitsstaat, notfalls mit blutiger Hand. Auch die Abhängigkeit von Lübeck hat er erheblich verringern können. 1544, auf dem Höhepunkt seiner Macht, setzte der Monarch schließlich die Erbthronfolge durch, sicher auch um möglichen Ansprüchen dänischerseits auf die schwedische Krone zuvorzukommen. Als ausgesprochener Tatmensch kümmerte er sich um alle Bereiche der Wirtschaft, ließ Einöden im Norden und in Finnland kolonisieren, holte deutsche Schmiede ins Land, besorgte die Wiederaufforstung oder vom Raubbau bedrohten Wälder und führte den Eisenhammer im Bergbau ein. Daß Gustav Vasa Pergamentbände aus den Bibliotheken nahm und sie benutzte, um damit Rechnungen einzubinden, sagt wohl genug über sein Verhältnis zur Kultur.

5. Schwedens Großmachtzeit unter Gustav II. Adolf

Schwedens Weg zur Großmacht ebneten bereits die Vasa-Söhne, die nach Kriegen gegen Dänemark, Lübeck, Polen und Rußland den russischen Außenhandel weitgehend beherrschten, zumal Estland in schwedischem Besitz gelangt war. Unter Gustav II. Adolf betreibt Schweden Anfang des 17. Jahrhunderts eine aggressive Ostseepolitik und dehnt Einfluß und Besitz im getreidereichen Baltikum aus. Als Siebzehnjähriger von Adel und Reichsrat für mündig erklärt, machte Gustav II. Adolf eine Reihe von Zugeständnissen an den Hochadel, der Verwaltung, Finanzen, Flotte, Armee und Rechtsprechung voll im Griff hatte und mit dem Reichskanzler Axel Oxenstierna einen genialen Interessenvertreter hervorbrachte. Noch heute finden sich auf der Insel Riddarholmen in Stockholm die äußeren Zeichen einer Epoche, die dem Adel nie gekannten materiellen Reichtum bescherte. Hier ließen sich die mächtigen Herren des Landes wie Wrangel, Sparre, Banér oder de la Gardie nahe ihren Amtssitzen üppige Paläste errichten.

Nicht leicht zu beantworten ist die Frage, warum sich der letzte König aus dem Geschlecht der Vasa in den deutschen Krieg einmischte. Wollte er seinen bedrohten protestantischen Mitbrüdern hilfreich zur Seite stehen? War er gar nur darauf aus, seinen Machtbereich auszudehnen, oder bestimmten machtpolitische und religiöse Interessen sein Handeln gleichermaßen? Als Schweden in den Dreißigjährigen Krieg eintrat, versprach der König, den Adel „mit Gütern und Höfen auszuzeichnen", den Städtern wünschte er anstelle kleiner Hütten prächtige Steinhäuser und den Bauern, daß ihre Äcker „hundertfach tragen mögen". Von einem Glaubensstreit ist in der Abschiedsrede von Gustav II. Adolf vor den Ständen des Reiches nicht die Rede.

Nachdem die größten Städte Preußens, die bedeutendsten Handelshäfen Polens erobert waren, zog der „Löwe aus dem Norden" mit seinen von Frankreich massiv unterstützten Söldnertruppen gegen Habsburg und die katholische Liga. 1632 fiel Gustav II. Adolf bei Lützen nahe Leipzig, obwohl Wallenstein, der Feldherr des Kaisers, zum Rückzug gezwungen wurde. Kurzsichtig und ohne Orientierung im November-Nebel war der für unsterblich gehaltene Schwedenkönig auf die feindliche Seite gelangt und erschossen worden, reichlich Stoff für Sagen und Legenden. Da die Tochter des Königs,

Kristina, erst fünf Jahre alt war, übernahm Axel Oxenstierna, der zu einem der bedeutendsten Staatsmänner Europas avancierte, die Regierungsgeschäfte. Zusammen mit Frankreich gingen die Schweden als Gewinner aus dem 1648 geschlossenen Westfälischen Frieden hervor, denn nachdem Dänemark drei Jahre zuvor altschwedische Landschaften nahe der norwegischen Grenze sowie Gotland und Ösel an den Erzrivalen Schweden abgetreten hatte, erhielt die Ostseemacht Vorpommern und Rügen und vermochte sich die Mündungsgebiete von Oder, Elbe und Weser zu sichern. Zehn Jahre später ging außerdem ein alter schwedischer Traum in Erfüllung, da Karl X. nach waghalsiger Überquerung der dünnen Eisschicht des Öresund im Winter 1658 Kopenhagen einschloß und nach Verhandlungen die heutigen südschwedischen Provinzen Schonen und Blekinge sowie Halland und Bohuslän im Westen zurückgewinnen konnte und somit Schwedens Großmachtposition festigte. In der schwedischen Geschichtsschreibung findet die *stormaktstid* (Großmachtzeit) 1718 mit dem Tod des jungen Karl XII. und dem Verlust der meisten Gebiete im Baltikum und Norddeutschland ihr Ende, obwohl der seinem Vorbild Alexander dem Großen nacheifernde Karl als Achtzehnjähriger in der Schlacht von Narwa das zehnfach stärkere Heer Peters des Großen geschlagen und den Mythos der Unbesiegbarkeit der Schweden begründet hatte.

6. Von der „Freiheitszeit" zur Verfassung von 1809

Schwedens Glanz und Gloria im 17. Jahrhundert ging wesentlich zu Lasten des Bauernstandes, dem es zunehmend schwerfiel, seine Selbständigkeit zu bewahren. Durch Verpachtung und Verkauf von staatlichem Grund und Boden an den Adel wurden die Geldmittel frei, die eine abenteuerliche Kriegspolitik ermöglichten, so daß zur Zeit Kalrs XI. dem Adel über 70% des schwedischen Bodens gehörten. Die große Abrechnung erfolgte unter jenem Karl XI., der in der Landesgeschichte als König der Reduktion geführt wird, d.h. der Staat korrigierte die ungleichen Besitzverhältnisse und zog einen beträchtlichen Teil der Güter, die der Adel in den Zeiten des Krieges auf seine Seite gebracht hatte, wieder ein. Auch wenn der Adel seine Sonderstellung sichern konnte, so führte die Reduktion zur Existenzsicherung eines freien Bauernstandes. Die friedvollen Regierungsjahre unter Karl XI. gaben der Wirtschaft neue Impulse, Eisen und aus Holz gewonnener Teer wurden zu wichtigen Exportprodukten.

Als „Freiheitszeit" *(frihetstiden)* gilt in der schwedischen Geschichte ein Zeitraum von rund 50 Jahren nach dem Tode des jungen Karl XII. bis 1772, als der Kunst- und Literaturkönig Gustav III. den Thron bestieg. Die Königsmacht wurde erheblich beschnitten, entscheidende Beschlüsse trat der gestärkte Reichstag. Es ist die Zeit der Anfänge des schwedischen Parlamentarismus, der eine Reihe von Ähnlichkeiten mit der Entwicklung der politischen Kultur Englands seinerzeit aufweist. Die politische Entmachtung des schwedischen Königs zeigt sich daran, daß ein Namensstempel die königliche Unterschrift ersetzte, wenn dieser sich weigerte, ein Gesetz zu unterzeichnen.

In der „Gustavianischen Zeit" *(Gustavianska tiden)* von 1772–1809 findet wieder einmal die alte Grundregel ihre Bestätigung, daß die schwedische Geschichte die Geschichte seiner Könige ist, denn Gustav III., ein Neffe Friedrichs II. von Preußen, führt eine unblutige Revolution von oben durch und stellt die Reputation des alten schwedischen Königreiches wieder her. Als aufgeklärter Absolutist schließt er den Reichstag von der politischen Mitverantwortung nicht aus, wenngleich die letzten Jahre seiner Regierungszeit und die seines Sohnes Gustav IV. Adolf als „gustavianische Alleinherrschaft" bezeichnet werden. Aus den Reihen des alten Hochadels, der in Opposition zum König stand, stammte schließlich der Mörder, der auf einem Maskenball im März 1792 in der Stockholmer Oper den „Theaterkönig", der wie einst Caesar zuvor gewarnt worden war, umbrachte. Als großer Förderer von Literatur und Kunst, stets die französische Kultur vor Augen, gründete der „Bezauberer-König", der selbst eine Reihe dramatischer

Werke verfaßte, die Schwedische Akademie, um Sprache und Dichtung zu kultivieren. Er selbst beherrschte zeitlebens das Französische besser als das Schwedische.

Wenig Jahre später kann sich Schweden nicht aus dem Kampf gegen Napoleon heraushalten und schließt sich aus handelspolitischen Erwägungen England an. Wie sich hinterher herausstellt, hat man auf die falsche Karte gesetzt. Alexander I. von Rußland, Bündnispartner Napoleons, greift Schweden an, das 1809 mit Finnland den östlichen Reichsteil verliert. Der als Sündenbock geltende Gustav IV. Adolf wird in die Wüste geschickt.

Die neue Verfassung von 1809 versucht ein Gleichgewicht zwischen König und Reichstag herzustellen. Unter dem Namen Karl Johann wird Bernadotte, einer der berühmten Marschälle Napoleons, den dieser wegen persönlicher Differenzen nicht ungern nach Schweden abschiebt, Kronprinz und wenig später König von Schweden. Nach einem Feldzug gegen Napoleon und seinen dänischen Verbündeten werden die Dänen gezwungen, Norwegen an Schweden abzutreten. Die militärisch erzwungene Personalunion hält bis zum Jahre 1905. Für die Schweden ist der Krieg gegen Napoleon der letzte ihrer bisherigen Geschichte.

7. Industrialisierung und soziale Erneuerung

Eine lange Phase des Friedens prägt nach den napoleonischen Wirren bis zum Beginn des Ersten Weltkrieges die Entwicklung Schwedens. Zusammen mit der Industrialisierung gehört die Massenauswanderung schwedischer Bauern und Tagelöhner nach Amerika zu den großen Ereignissen in der zweiten Hälfte des 19. Jahrhunderts. Die in Schweden vergleichsweise recht spät einsetzende Industrialisierung, die um 1870 ihren eigentlichen Durchbruch erlebte, konnte die vom Lande zuwandernden Arbeitskräfte nicht alle aufnehmen. Die Auswanderungswelle in die Staaten, die Mitte des vorigen Jahrhunderts begann, erreichte zwischen 1880 und 1890 ihren Höhepunkt.

Allein in diesem Jahrzehnt wanderten jährlich mehr als 1% der Bevölkerung aus den Provinzen Jönköping, Halland, Kronoberg, Älvsborg und Värmland in die USA aus, rund eine Million enttäuschter Schweden bis 1914. Daß die Abwanderung aus den dichter besiedelten Gebieten Mittel- und Südschwedens höher lag als in den nördlichen Landesteilen, hat folgenden Grund: Im Landesinnern Nordlands stand in jener Zeit noch genügend Raum zur Kolonisierung zur Verfügung, so daß viele potentielle Emigranten ihren kargen Lebensunterhalt in den unbesiedelten Teilen des weiten Raumes fanden. Vielen Arbeitslosen, vor allem aus der Provinz Värmland und dem Gebiet um den Siljansee, boten sich Arbeitsmöglichkeiten in der holzverarbeitenden Industrie, die sich immer mehr in Richtung Küste verlagerte und zu einem bedeutenden Exportzweig entwickelte.

Die Ursachen dieses Exodus in die USA waren die gleichen wie bei den anderen europäischen Auswanderern jener Jahre auch: nackte Armut, starkes Bevölkerungswachstum infolge besserer Hygiene und Lebensmittelversorgung, Hunger – Schweden wurde 1863 von einer verheerenden Mißernteheimgesucht – sowie religiöse Zwänge und ein Überangebot an Arbeitskräften auf dem Lande, wo infolge der Realteilung die Besitzeinheiten immer kleiner und unrentabler geworden waren und eine große Gruppe von Kätnern und Tagelöhnern entstanden war. Von der führenden Schicht des Landes wurde die Auswanderung in die Vereinigten Staaten zur damaligen Zeit als nationale Schande empfunden, zumal mit den Emigranten die vorwiegend junge, produktive Bevölkerung dem Land den Rücken kehrte. Eine solch negative Bewertung der USA-Wanderung dürfte auch die Ursache für den äußerst geringen Stellenwert sein, den die Emigration lange Zeit in der Geschichtsschreibung und Literatur des Landes innehatte. Doch aus heutiger Sicht stellt sich die Auswanderungswelle ein wenig anders dar, und nicht wenige Wissenschaftler sehen in der Massenabwanderung eine entscheidenden Faktor, der die Entwicklung Schwedens vom armen Agrarland zur hochindustrialisierten Wohlfahrtsgesellschaft beschleunigt hat.

Die rasche Industrialisierung Schwedens seit etwa 1870 basierte zunähst auf den reichen Vorkommen von Eisenerz und Holz sowie der Nutzung der Wasserkraft. Die lange als wertlos geltenden phosphorreichen Erze mit ihrem hohen Eisengehalt entwickelten sich nach technischen Innovationen in der Aufbereitung zu einem gefragten Exportprodukt. Die heutige Bedeutung des Maschinenbaus und er metallverarbeitenden Industrie nahm ihren Anfang gegen Ende des vorigen Jahrhunderts nicht zuletzt aufgrund zahlreicher Erfindungen wie Kugellager, Zentrifugen, Turbinen oder Gasometer. Der Anteil der Industriebeschäftigten stieg von 15% im Jahre 1870 auf 34% vor dem Ersten Weltkrieg.

Die industrielle Revolution ließ die Hafenstädte und Handelsflotten aller nordischen Länder rasch anwachsen. Der zügige Ausbau des Eisenbahnnetzes nach 1850 führte zur Entstehung neuer Städte oder Aufwertung bisher verträumter Landflecken. Um der Konkurrenz der blühenden Küstenschiffahrt aus dem Weg zu gehen, wurden die neuen Eisenbahnstrecken in beträchtlicher Entfernung zum Küstenraum angelegt. Schmalspurige Stichbahnen zu den alten Küstenstädten machten es erforderlich, die Waren umzuladen. An den Schnittpunkten von Stammbahn und Zubringer entstanden zahlreiche Siedlungen mit städtischen Funktionen.

Regierung und Reichstag standen in ihrer konservativen Haltung den wirtschaftlichen und sozialen Veränderungen der industriellen Revolution skeptisch oder gar ablehnend gegenüber. Natürlich blieb der wirtschaftliche Boom nicht ohne Auswirkungen auf den sozialen Bereich. Kennzeichnend für den sozialen Wandel jener Jahre sind vor allem die sogenannten „Volksbewegungen", die sich in den unteren Sozialschichten bildeten. Das Phänomen dieser Initiativen läßt sich damit erklären, daß über 90% der schwedischen Bevölkerung kein Stimmrecht besaßen und somit nach anderen Möglichkeiten suchten, ihre Belange und Interessen zu verwirklichen, sei es in der religiösen Erweckungsbewegung, die sich gegen den Dogmatismus der Schwedischen Staatskirche wandte, in der Arbeiterbewegung, die 1889 zur Gründung der Sozialdemokratischen Partei und des Schwedischen Gewerkschaftsbundes (LO) 1989 führte, oder in anderen Interessengruppen wie der Genossenschafts- und der Sportbewegung. Bereits zwei Jahrzehnte zuvor hatten der Erweckungsbewegung angeschlossene Arbeiter mit dem Streik von Sundsvall einen der ersten Streiks in Schweden riskiert. Zum Erzieher des kleinen Mannes entwickelte sich die Abstinenzbewegung, die als Reaktion auf den zügellosen Alkoholismus in weiten Kreisen der Bevölkerung zu verstehen ist. In realistischer Einschätzung der damaligen Situation forderten die Abstinenzler Mäßigkeit, statt Enthaltsamkeit. Die Auffassung zahlreicher Gelehrter, Arbeiter seien von Natur aus faul und höhere Löhne würden sie in Branntwein umsetzen, zog viele Arbeiter zu den Abstinenzlern.

Zusammen mit den Liberalen kämpften die Volksbewegungen für das allgemeine Wahlrecht, das nach dem Ersten Weltkrieg in Schweden eingeführt wurde. Die Sozialdemokraten übernahmen zunehmend die politische Macht, so daß mit Hjalmar Branting einer der Initiatoren der schwedischen Arbeiterbewegung 1920 das Amt des Ministerpräsidenten bekleidete. Die wirtschaftliche und soziale Basis für den heutigen Wohlfahrts- und Sozialstaat wurde maßgeblich zwischen 1920 und 1930 geschaffen.

II. Schwedens jüngste Vergangenheit

1. Parlament und König

Das überaus populäre schwedische Königspaar, König Carl XVI. Gustaf und Königin Silvia, repräsentiert zwar Schweden im In- und Ausland, doch das entscheidende politische Organ des Landes ist der Reichstag. Schweden ist somit eine konstitutionelle Monarchie mit parlamentarischer Regierungsform. Wiederholte Versuche seitens der Sozialdemokraten, die Monarchie abzuschaffen, scheiterten kläglich. Mit der Regierungszeit schwedischer Herrscher aus dem Haus der Bernadottes seit Anfang des 19. Jahrhunderts bis hin zur Gegenwart verbinden viele meist ältere Schweden Frieden, Freiheit und Stabilität. Wenn es um die Monarchie geht, hört oft sogar der Spaß auf. So fauchte mich eine ältere Schwedin vor einigen Jahren anläßlich der großen Wachablösung auf dem äußeren Schloßhof in Stockholm an: „Was ist daran so lustig?", da ich ein Lachen nicht unterdrücken konnte, als sich die sehr ungleich proportionierten Mitglieder der Svea-Leibgarde in dunkelblauer Uniform mit gelbem Kragen und federgeschmückten Helmen zu den Klängen der Militärmusik bewegten.

Schon seit dem 14. Jahrhundert kennt man in Schweden eine geschriebene Verfassung, ein Gesetzbuch für das ganze Reich. In den folgenden Jahrhunderten wechselten Epochen von Alleinherrschaft und konstitutioneller Regierung einander ab. Die Verfassung aus dem Jahre 1809, die eine Gewaltenteilung zwischen König und Reichstag festlegte, wurde erst Anfang 1975 von einem neuen Grundgesetz abgelöst, da die „lebende" Verfassung inzwischen teilweise in Widerspruch zur geschriebenen stand. Der Parlamentarismus, der sich 1917 endgültig durchsetzte, ist somit mit erheblicher Verzögerung in die neue Verfassung aufgenommen worden. Lange Zeit verteidigten die

Schweden ihre alte Verfassung, die als älteste Europas weltweit nur von der der Vereinigten Staaten altersmäßig übertroffen wird. Nach einer Grundgesetzreform der kleinen Schritte trat 1969 anstelle des Zweikammersystems ein Einkammer-Reichstag mit 350 Mitgliedern, die für drei Jahre gewählt wurden. Festgeschrieben wurde ferner die vollständige Proportionalität zwischen den Parteien, die mindestens vier % aller im Land abgegebenen Stimmen oder zwölf % in einem Wahlkreis erlangen müssen, um die Sperrklausel zu überwinden. Da die Reichstagswahl 1973 zu zwei exakt gleich großen Blöcken (175:175) führte und somit bei zahlreichen Abstimmungen zwischen der sozialistischen und der bürgerlichen Gruppierung das Los entscheiden mußte, änderte man konsequenterweise die Anzahl der Mitglieder des Reichstags auf 349. Mit einer weiteren Verfassungsänderung, ganz im Zeichen der Gleichberechtigung, wurde 1980 die Erbfolge im Königshaus neu geregelt; ohne Rücksicht auf das Geschlecht wird demnach das älteste Kind des Königspaares zukünftig auf dem Thron folgen.

2. Die Parteien und ihre Wähler

„Die Schweden sind ein farbenfrohes Volk; sie denken blau, essen grün, wählen rot und arbeiten schwarz." So geschlossen rot, wie das Bonmot es nahelegt, haben die Schweden allerdings nie gewählt. Bereits seit 1921 sind im Reichstag die fünf Parteien präsent, die sich politisch von rechts nach links folgendermaßen einordnen lassen: die Moderate Sammlungspartei (M), die aus dem Bauernbund hervorgegangene Zentrumspartei (C), die Liberale Volkspartei (FP), die Sozialdemokratische Arbeiterpartei (SAP) und die Linkspartei der Kommunisten (VPK), die sich inzwischen nur noch Linkspartei (VP) nennt. Seit mehr als einem halben Jahrhundert bezeichnet man die Konservativen sowie die Parteien der Mitte, das Zentrum und die Liberalen, als bürgerlichen Block, dem mit den Sozialdemokraten und der Linkspartei der sozialistische Block gegenübersteht. Das Kräfteverhältnis zwischen den beiden Blöcken erwies sich in der Vergangenheit als ausgesprochen stabil, erhebliche Veränderungen zeigten sich dagegen innerhalb des bürgerlichen Dreigespanns, da die Ergebnisse bei den Reichstagswahlen häufig schwankten. Erst 1988 schaffte die Umweltpartei Die Grünen (MP) den Sprung ins Parlament zu den fünf etablierten Parteien. Für Aufsehen sorgte 1991 die populistische Rechtspartei Neue Demokratie (NYD), die mit 6,7% der Stimmen in den Reichstag einzog, dann aber nach den Wahlen 1994 wieder von der Bildfläche verschwand. Die Reichstagswahlen der letzten Jahre lassen erkennen, daß das Parteiensystem instabiler geworden ist. Ohne Zweifel haben die etablierten Parteien in der Wählerschaft an Boden verloren, Politik- und Parteienverdrossenheit sind unverkennbar. Nur 9% der Schweden sind gegenwärtig Mitglied einer politischen Partei, zehn Jahre zuvor waren es noch 15%. Vor allem Jugendliche zeigen ein schwindendes Interesse, sich in den Parteien zu engagieren, die inzwischen auf den Mitgliederschwund reagieren und offenere Formen der Mitarbeit ohne Parteimitgliedschaft anbieten.

Die Entwicklung des schwedischen Wohlfahrtsstaates stand ganz im Zeichen der Sozialdemokratie, die von 1932 bis 1976 (abgesehen von 3 Monaten 1936) an der Regierung war. 1982 kehrten die Sozialdemokraten unter Olof Palme als Ministerpräsident an die Schaltstellen der Macht zurück. Nachdem Ingvar Carlsson 1991 die Wahlen verloren hatte und einer bürgerlichen Koalitionsregierung weichen mußte, gelang es ihm 1994 erneut, an die Macht zu kommen.

1991 war es zu einem Machtwechsel gekommen, und Carl Bildt, der Vorsitzende der Moderaten Sammlungspartei, der Konservativen also, wurde Ministerpräsident einer bürgerlichen Vierparteienregierung, die sich in ihrem Programm „Neuer Start für Schweden" in der Innenpolitik deutlich von den Sozialdemokraten unterschied: Absenkung des zu hohen Steuerniveaus, Privatisierung, Abbau öffentlicher Monopole, Stärkung des Privateigentums, geringere Sozialleistungen und eine härtere Kriminalpolitik waren die Hauptziele. Der Sozialstaat sollte schlanker werden, Einsparungen im öffentlichen

Dienst waren kein Tabu. Es war das Schicksal der bürgerlichen Regierung, in der Tiefphase einer lange währenden Rezession an der Macht gewesen zu sein.

Während die Moderate Sammlungspartei unter Carl Bildt bei den Reichstagswahlen 1994 mit 22,4% der Stimmen ihre Position verteidigen konnte, brachen die anderen Koalitionsparteien ein. Die Wähler sorgten für einen deutlichen Linksruck: 45,3% für die Sozialdemokraten und mit 6,2% für die Linkspartei deren bestes Resultat seit 1948. Mit „Wohlfahrtsnostalgie" und „Volksheimromantik" erklärten die Wahlforscher den Wechsel, durch den viele Wähler wieder zu einer Politik der Erhöhung öffentlicher Ausgaben zurückkehren wollten. Doch der sozialdemokratischen Minderheitsregierung blieb angesichts hoher Arbeitslosigkeit, hoher Zinsen und immenser Staatsschulden nichts anderes übrig, als Krisenpakete zu schnüren. Unter Ingvar Carlsson erfolgte am 1. 1. 1995 die Aufnahme Schwedens in die EU (s. u.). Im Frühjahr trat Ingvar Carlsson aus persönlichen Gründen von seinem Amt zurück. Göran Persson, sein starker Finanzminister, folgte ihm als Parteivorsitzender und Ministerpräsident.

3. Verschiebung der alten Parteienblöcke

Im Sommer 1996 trat der Reichstag zu einer Sondersitzung zusammen, um ein Programm zur Bekämpfung der Arbeitslosigkeit zu verabschieden, das Sozialdemokraten und Zentrumspartei vereinbart hatten. Das hochgesteckte Ziel, die offene Arbeitslosigkeit auf 4% im Jahr 2000 zu halbieren, soll im wesentlichen durch folgende Maßnahmen erreicht werden:
1. Erneuerung der Arbeitsmarktpolitik, Stärkung der Rolle der Kommunen und der regionalen Entwicklung; Erleichterung des Zugangs zum Arbeitsmarkt für Jugendliche; 40000 ältere Langzeitarbeitslose erhalten Beschäftigung bei Staat, Land und Gemeinde;
2. Schaffung von 100000 neuen Ausbildungsplätzen in der Erwachsenenbildung, in erster Linie für Arbeitslose mit gerin-

ger Ausbildung; Ausbau der Universitäten und Hochschulen mit 30 000 über das Land verteilten Plätzen;

3. Förderung mittelständischer Unternehmen durch niedrigere Arbeitnehmerabgaben und reduzierte Steuern auf das Risikokapital;

4. drei strategische Zukunftsprogramme im Wert von je einer Milliarde SEK zur Förderung kleiner Unternehmen, ökologischer Produktion und der Zusammenarbeit im Ostseeraum;

Bei der Vorstellung des Programms zur Bekämpfung der Arbeitslosigkeit betonten Ministerpräsident Göran Persson und Olaf Johansson, der Vorsitzende der Zentrumspartei, daß Schweden in den kommenden Jahren noch weitere enge Zusammenarbeit der beiden Parteien brauche, da die anderen bürgerlichen Parteien politisch handlungsunfähig seien. Ohne Zweifel hat die Zentrumspartei sich wirkungsvoll in Szene gesetzt und die Grünen und die Linkspartei ohne Einfluß auf die Wirtschaftspolitik ins Abseits gestellt. Die intensive Zusammenarbeit von Sozialdemokraten und Zentrumspartei hat damit die lange gültigen Blockgrenzen innerhalb der schwedischen Politik verschoben, auch wenn die Moderate Sammlungspartei, die Liberalen und die Christdemokraten noch auf eine Rückkehr des Zentrums in den bürgerlichen Block zur Wahl 1998 hoffen.

Die Zusammenarbeit zwischen Regierung und Zentrumspartei wird schwereren Belastungen ausgesetzt sein, wenn über die Frage der Kernkraft und eine Reform des starren Arbeitsrechts Entscheidungen anstehen. Der mächtige Schwedische Gewerkschaftsbund (LO), der eine Reihe von Vertretern in der sozialdemokratischen Reichstagsfraktion sitzen hat, widersetzt sich einer Liberalisierung des Arbeitsrechts. Der Auffassung der Zentrumspartei, man müsse mit dem Ausstieg aus der Atomkraft beginnen und die ersten Meiler stillegen, hält LO entgegen, daß das Ende der Atomkraft aus volkswirtschaftlichen Gründen unbedingt verschoben werden müsse.

4. Der Mord an Olof Palme

Inzwischen werden auch in der Bundesrepublik Straßen und Plätze nach Olof Palme benannt. Es geschah am 28. Februar 1986, 23.21 Uhr. Ein Mörder hatte Ministerpräsident Olof Palme, der mit seiner Frau zuvor mit der U-Bahn aus der Stockholmer Altstadt zum Sveavägen gefahren war, um dort ins Kino zu gehen, mit einem Revolver erschossen. Der Mord an dem schwedischen Ministerpräsidenten und Führer der Sozialdemokratischen Arbeiterpartei versetzte das Land in einen Schockzustand. Viele Schweden drängte es auf die Straßen, um Trauer und Leid mit anderen zu teilen. Noch lange nach der Beisetzung Olof Palmes auf dem Friedhof der Adolf-Fredrik-Kirche zogen Menschenscharen am neuen Nationaldenkmal vorbei. Es ist schon eine Ironie des Schicksals, daß der Mann, der immer wieder die Gewaltlosigkeit forderte, selbst Opfer der Gewalt wurde. Über Täter und Motiv lassen sich auch 10 Jahre nach dem Anschlag nur vage Vermutungen anstellen.

Dreimal glaubten Polizei und Staatsanwalt den Schuldigen gefunden zu haben. Ein des Mordes angeklagter und verurteilter Einzeltäter wurde später vom Oberlandesgericht freigesprochen, einige Zeit versuchte man auch einer Gruppe von Kurden den Mord anzuhängen. Unzählige Fahndungspannen und Manipulationen lassen die Ermittlungsbehörden in einem merkwürdigen Licht erscheinen. Erschrecken muß die Lektüre des in mehreren Jahren Sisyphus-Arbeit zusammengetragenen Buches der Brüder Poutiainen mit dem Titel „Im Innern des Labyrinthes", in dem die Autoren akribisch Fehler, Fälschungen und Ungereimtheiten der ermittelnden Behörden offengelegt haben.

Olof Palme, 1927 in Stockholm geboren, verbrachte die wichtigste Zeit seines Studiums (Jura) in den USA. 1958 wurde er Reichstagsabgeordneter der Sozialdemokratischen Arbeiterpartei. Seine Herkunft ist alles andere als die eines klassischen Sozialdemokraten, denn sein Vater war ein wohlhabender Geschäftsmann, seine Mutter entstammte deutsch-baltischem

Adel. Neben den Sprachen des Nordens beherrschte Olof Palme Deutsch, Englisch, Französisch und mit Abstrichen Russisch. Von Tage Erlander gefördert, übernahm Olof Palme in den 60er Jahren eine Reihe von Ministerien, bis er schließlich 1969 bis zur Ablösung durch die bürgerlichen Parteien 1976 als Nachfolger Erlanders zum Ministerpräsidenten gewählt wurde. Wie sein Vorgänger war Olof Palme ein vorbehaltloser Befürworter des schwedischen Wohlfahrtsstaates, des schwedischen Modells.

Da dem weltoffenen Intellektuellen Schweden bald zu eng wurde, mischte er sich beständig in strittige Fragen internationaler Politik ein. Sein ethischer Rigorismus, die Bedingungslosigkeit seines politischen Anspruchs und seine gelegentlich verletzende Art im Umgang mit dem politischen Gegner schafften ihm nicht nur Freunde, dies gilt auch für die eigenen Reihen. Treffend charakterisierte David Owen, früherer Parteichef der britischen Sozialdemokraten, Olof Palme: „Olof Palme war ein kontroverser und offenherziger Mann in einem internationalen Milieu, in dem die meisten den Tonfall dämpfen und zu diplomatischen Wendungen Zuflucht nehmen."

Schon als Minister in der Erlander-Regierung wetterte er gegen das Vietnam-Engagement der USA, ging 1968 mit dem Moskau-Botschafter Nordvietnams demonstrativ Arm in Arm auf die Straße, nahm 1972 den Bruch mit den USA in Kauf, die ihren Botschafter aus Schweden abzogen, da Olof Palme die Bomben auf Hanoi mit den übelsten Kriegsverbrechen der Menschheitsgeschichte verglich. Berührungsängste mit PLO-Führer Arafat oder Kubas Fidel Castro kannte er nicht, offen setzte sich der „Moralapostel" für die Sandinisten in Nicaragua ein. Der Vorschlag zur Schaffung einer entnuklearisierten Zone in Europa im Rahmen der Palme-Kommission für Abrüstung trägt seine Handschrift. Die internationale Reputation Olof Palmes unterstreicht schließlich die Tatsache, daß der UNO-Generalsekretär ihn als Vermittler zwischen den verhaßten Parteien des Iran und Irak am Persischen Golf einsetzte.

Unter Olof Palme richtete sich der Blick der Schweden immer mehr über die eigenen Grenzen auf die weltpolitischen Geschehnisse; Schweden war nicht länger der Nabel der Welt.

Nachfolger Olof Palmes wurde Ingvar Carlsson, der auch nach den Wahlen von 1988 Premierminister bleiben konnte. Aus der Gewerkschaftsbewegung hervorgegangen und innig mit ihr verbunden, führte er die Sozialdemokraten bis 1996 in Zeiten schwerster wirtschaftlicher Krisen und sozialen Abbaus.

5. Neutralität im Krieg, Blockfreiheit in Friedenszeiten

Neutralität im Krieg, Blockfreiheit in Friedenszeiten. Auf diese scheinbar so einfache Formel läßt sich die schwedische Außen- und Sicherheitspolitik bringen. Bereits gegen Ende des 19. Jahrhunderts bildete sich eine pragmatische Neutralitätspolitik heraus, die tief im Bewußtsein der schwedischen Bevölkerung verankert ist. Solange Schweden nicht angegriffen wurde, wollte man sich aus jeder kriegerischen Auseinandersetzung heraushalten. Konsequent widerstand man in Schweden allen politischen und militärischen Bündnissen, so daß sich die Neutralitätspolitik auch während der beiden Weltkriege bewährte. Versuche nach 1945, mit Dänemark und Norwegen eine Verteidigungsgemeinschaft einzugehen, um die Landesverteidigung zu stärken und im Falle eines Falles mögliche Aggressoren abzuschrecken, scheiterten, da sich die Nachbarländer von der NATO-Zugehörigkeit mehr Sicherheit versprachen.

Daß der skandinavische Raum sich in der Nachkriegszeit als Hort der Stabilität erwiesen hat, ist nicht zuletzt auf die erfolgreiche Neutralitätspolitik Schwedens zurückzuführen, das als ruhender Pol zwischen Norwegen, Dänemark und Island und dem auf den östlichen Nachbarn Rücksicht nehmenden Finnland steht.

Die Politik der Neutralität fordert jedoch auch ihren Preis, denn Bündnisfreiheit setzt Verteidigungsbereitschaft voraus.

Der Zusammenbruch der kommunistischen Systeme in der Sowjetunion und in ganz Ost- und Südosteuropa 1989–1990 hat die Grundlage der schwedischen Sicherheits- und Verteidigungspolitik verändert. Nach dem Ende des Warschauer Paktes könnte sich eine Bedrohung Schwedens aus einer innenpolitisch unruhigen Situation Rußlands ergeben, eine erhebliche Gefahr für Schweden sehen Sicherheitsexperten außerdem in einer denkbaren Konfliktlage zwischen Rußland und den baltischen Staaten.

Die 1990er Jahre stehen ganz im Zeichen der Kürzungen des Verteidigungshaushaltes. Die Einsparungen werden auch die schwedische Rüstungsindustrie nicht verschonen, die einschließlich der Zulieferer 10% der in der bedeutenden schwedischen metallverarbeitenden Industrie Erwerbstätigen beschäftigt und auf Exporte angewiesen ist. Zur Verteidigung des Luftraumes leistete man sich die Entwicklung und Produktion verschiedener Generationen von Kampfflugzeugen. Das von Saab-Scania in Kooperation mit Volvo, Ericsson und Celsius entwickelte Mehrzweckkampfflugzeug „Jas 39 Gripen" (Jagd, Angriff, Aufklärung) soll die Effektivität der schwedischen Luftwaffe erhöhen.

Der ruhende Pol Schweden zeigte in der Ära Palme dann quirlige Lebendigkeit, wenn es darum ging, in strittigen internationalen Fragen Farbe zu bekennen, denn Neutralitätspolitik ist aus schwedischer Sicht nicht mit Meinungsneutralität gleichzusetzen. So wetterte Olof Palme Anfang der 70er Jahre gegen das Engagement der USA in Vietnam, indem er in aller Öffentlichkeit den damaligen US-Präsidenten Nixon als „mördare" (Mörder) hinstellte, was die traditionell guten Beziehungen beider Länder auf den Nullpunkt brachte. Scharfe schwedische Kritik blieb auch nicht aus, als die Sowjetunion 1979 in Afghanistan einmarschierte. Schweden erhob jedoch nicht nur den moralischen Zeigefinger, sondern es war das erste westliche Land, das nationalen Befreiungsbewegungen humanitäre Hilfe leistete. Die Solidarität mit den Entwicklungsländern wird dadurch deutlich, daß der Wohlfahrtsstaat 0,7% des Bruttosozialprodukts als Entwicklungshilfe zur Verfügung stellt. Da Schweden der UNO besondere Bedeutung beimißt, deren Generalsekretär von 1953–1961 Dag Hammerskjöld war, geht ein relativ großer Teil der Entwicklungshilfegelder an die Weltbehörde. Die aktive Unterstützung der UNO bestätigt auch die Tatsache, daß ca. 60 000 Schweden bisher bei den UN-Truppen ihren Friedensdienst in den Krisengebieten der Erde geleistet haben. In Bosnien standen schwedische Truppen unter amerikanischem Natobefehl. Das schwedische Weltgewissen zeigt sich ferner in der Frage der Menschenrechte. Bewußt mischt man sich in die inneren Angelegenheiten jener Länder ein, in denen Menschen unterdrückt und verfolgt werden, denn der Schutz der Menschenrechte und die Sicherung des Friedens gehören eng zusammen. Es ist daher nur konsequent, wenn das Land – im Gegensatz zu Norwegen und Finnland – eine Vielzahl politischer Flüchtlinge aufgenommen hat. Entschieden war auch die Haltung gegenüber dem Apartheidregime in Südafrika.

Während der Blick vieler Schweden in den 70er Jahren auf zahlreiche Krisengebiete in der Welt gerichtet gewesen war, stand Anfang der 80er Jahre plötzlich die Sorge um die Sicherheit des eigenen Landes im Vordergrund: Nachdem im Oktober 1981 ein sowjetisches U-Boot nicht ganz zufällig in der Nähe des Militärhafens von Karlskrona auf einen Fels aufgelaufen war, häuften sich die U-Boot-Besuche in der Folgezeit. Im Herbst 1982 jagte die Marine ergebnislos fremde (= sowjetische) Unterwasserfahrzeuge in der Ostsee und offenbarte ihre eigenen Abwehrschwächen allzu deutlich. Die Unruhe in der Bevölkerung führte zu einer lebhaften Debatte über die schwedische Sicherheitspolitik. Waren mit den U-Boot-Aktionen Schwedens Initiativen um eine kernwaffenfreie Zone im Norden gemeint? Im Mittelpunkt der Diskussionen stand die Frage, ob die bewährte Neutralität zukünftig überhaupt noch militärisch glaubhaft zu gewährleisten ist.

Auch heute ist ein Beitritt Schwedens zur NATO nach Auffassung der sozialdemokratischen Regierung kein Thema. Mit bewährter Allianzfreiheit und einer starken Verteidigung will man sich den neuen Strukturen einer europäischen Sicherheitspolitik annähern. Obwohl Schweden Beobachter bei der Westeuropäischen Union (WEU), dem europäischen Pfeiler der NATO, ist und sich im Rahmen der NATO-Zusammenarbeit „Partnerschaft für Frieden" aktiv beteiligt hat, hält man am Prinzip der Bündnisfreiheit fest. Doch internationale Sicherheitsexperten sehen Schweden bereits als zukünftiges Mitglied einer veränderten NATO. Die Mitgliedschaft in der EU, schwedische Truppen unter amerikanischem NATO-Befehl in Bosnien und ein schrumpfender Verteidigungshaushalt seien große Schritte in Richtung Verteidigungsbündnis.

6. Nordische Zusammenarbeit

Besonderer Beliebtheit erfreuen sich die Schweden, die als die „Preußen des Nordens" gelten, bei ihren skandinavischen Nachbarn nicht gerade. Der große Bruder im Norden gilt vielen als arrogant, selbstherrlich und nicht fähig, über den eigenen Gesichtskreis hinauszusehen. Alte Animositäten, vor allem zwischen Dänen und Schweden, werden regelmäßig wieder aufgefrischt. Die Dänen als die „Italiener des Nordens" sind den Schweden wegen ihrer liberalen, offeneren und unbeschwerteren Lebensart eher etwas suspekt. 350 Jahre kriegerischer Auseinandersetzungen vom 16. Jahrhundert bis ins Zeitalter Napoleons – die Historiker kommen auf elf Kriege – haben Dänen und Schweden zu „Erbfeinden" werden lassen.

Wenn auch geschichtlich bedingte Ressentiments unter den Skandinaviern nicht zu leugnen sind, so überwiegt doch das Gemeinsame in der sprachlichen (Finnland ausgenommen), kulturellen, geschichtlichen und wirtschaftssozialen Entwicklung. Eine intensive Zusammenarbeit der nordischen Länder entwickelte sich in erster Linie nach dem Zweiten Weltkrieg. So gibt es seit 1953 den Nordischen Rat, dem 87 Parlamentarier der fünf skandinavischen Länder einschließlich Island angehören. Bei den regelmäßigen Zusammenkünften werden Fragen von gemeinsamem Interesse diskutiert. Als beratendes Organ kann der Rat nur Empfehlungen zu wirtschaftlichen, juristischen, sozialen und kulturellen Fragen sowie den Bereichen Umweltschutz und Transport abgeben, die jedoch in der Praxis eine deutliche Angleichung der Gesetzgebung in den fünf Ländern bewirkt haben. 1971 wurde der Nordische Ministerrat gebildet, um die Kooperation zwischen den fünf Regierungen zu erleichtern. Die Außenminister treffen sich dreimal jährlich, die Außenministerien kooperieren in mehreren Bereichen. Eine besonders enge Zusammenarbeit besteht in den Vereinten Nationen sowie in Fragen der Entwicklungspolitik.

Doch nach dem EU-Beitritt Schwedens und Finnlands scheint deren Interesse an der nordischen Zusammenarbeit etwas geringer geworden zu sein. Iver B. Neumann vom Außenpolitischen Institut in Oslo sieht unter dem Druck der EU die nordische Zusammenarbeit gefährdet. „Wenn es nicht gelingt, die Kooperation auf andere Bereiche auszudehnen, droht der Norden als politisches Projekt einzugehen." Als neues gemeinsames Feld einer intensivierten nordischen Zusammenarbeit sieht er die Sicherheitspolitik.

Erwähnenswert ist schließlich der gemeinsame nordische Arbeitsmarkt, den es seit 1954 gibt und der es jedem Skandinavier ermöglicht, sich in einem nordeuropäischen Land niederzulassen und zu arbeiten. Damals glaubten die vertragsschließenden Partner, die freie Wanderung der Arbeitskräfte sei vorteilhaft für die ökonomische und soziale Entwicklung der Nordischen Länder. Man dachte nicht an Wanderungsbewegungen, die ein solches Ausmaß wie die zwischen Finnland und Schweden Ende der 60er Jahre annehmen würden. Beachtlich ist zudem, daß nach dem Sozialversicherungsabkommen von 1982 ein nordischer Staatsangehöriger alle sozialen Leistungen des Landes erhält, in dem er lebt. Seit 4 Jahrzehnten gibt es für alle Skandinavier die volle Paßfreiheit. Nichtnordische Staatsangehörige zeigen ihre Pässe nur bei der Einreise nach Skandinavien vor, nicht innerhalb der Länder. Die zunehmende wirtschaftliche Zusammenarbeit belegt der innernordische Handel, der trotz unterschiedlicher Wirtschaftsstrukturen und -interessen der skandinavischen Länder gegenwärtig auf der Basis des Freihandels einen Anteil von 25% ausmacht.

Trotz gelegentlicher Animositäten dominiert also die nordische Zusammenarbeit. Das allen Gemeinsame überwiegt bei weitem das Trennende.

7. Schweden als EU-Mitglied

Zusammen mit Finnland und Österreich trat Schweden am 1. Januar 1995 der Europäischen Union bei. Kurz zuvor wurde über die Frage einer Mitgliedschaft in einer Volksabstimmung entschieden. Bei hoher Wahlbeteiligung sprachen sich 52,3% für einen Beitritt zur EU aus, 46,8% stimmten mit Nein. Während die Bewohner vieler Kommunen und Provinzen im Norden sich aus Protest gegen Brüssel und Stockholm gegen eine EU-Mitgliedschaft aussprachen, kamen aus den bevölkerungsreicheren Regionen des Südens die wahlentscheidenden Ja-Stimmen. Zuvor waren neben den Medien und dem politischen Establishment die Top-Manager der führenden Exportunternehmen in die Offensive gegangen und hatten unter Hinweis auf die Gefährdung der Arbeitsplätze und der Exportabhängigkeit des Landes die Wähler aufgefordert, für die EU zu stimmen.

Während die Befürworter des Beitritts die Gefahr einer politischen und wirtschaftlichen Isolation heraufbeschworen, die friedenserhaltende Funktion der EU betonten und bessere Chancen sahen, Umweltprobleme auf internationaler Ebene zu bewältigen, warnten die EU-Gegner, Schwedens Selbstbestimmung könnte eingeschränkt werden, die Brüsseler Institutionen seien zu bürokratisch, Kriminalität und Drogeneinfuhr könnten sprunghaft steigen, auch wurde vor den Folgen vermehrter Einwanderung gewarnt.

Die schwedische Regierung hat die politischen Bereiche und Ziele ihrer Arbeit innerhalb der EU folgendermaßen definiert:
– eine aktive Politik für Wirtschaftswachstum und zur Bekämpfung der Arbeitslosigkeit;

– eine gemeinsame, ehrgeizige Umweltpolitik, strenge Regeln und Vorschriften für Emissionen und die Anwendung von Chemikalien;
– eine offene Europäische Union, die den Freihandel fördert, vermehrte Zusammenarbeit mit den baltischen Staaten sowie mit Ost- und Südosteuropa im Hinblick auf die spätere Mitgliedschaft der Länder;
– eine gemeinsame europäische Verbraucherpolitik, in deren Rahmen die Stellung der Verbraucher in bezug auf den Preis, die Qualität und die Sicherheit von Waren gestärkt wird;
– vermehrte Transparenz und Einsichtnahme in die Arbeit der EU;
– größere Gleichstellung zwischen Frauen und Männern, sowohl in den verschiedenen EU-Organen wie in Berufsleben und Familie;
– Bekämpfung der Drogenkriminalität und anderer Kriminalität;

Enttäuschend verliefen die ersten Wahlen zum Europäischen Parlament im Herbst 1995. Die Wahlbeteiligung lag bei nur 41,3%. Die zunehmend negative Einstellung gegenüber der EU zeigte sich darin, daß die Hälfte der 22 schwedischen Mandate von EU-Kritikern gewonnen worden waren. Als Gewinner aus den Wahlen gingen die Grünen und die Linkspartei hervor, die der Europäischen Union ablehnend gegenüberstehen. Die Sozialdemokraten erzielten mit nur 28% der Stimmen ihr schlechtestes Ergebnis seit Einführung des allgemeinen Wahlrechts (für Männer) 1911.

Daß die Schweden die EU zunehmend kritisch sehen, zeigten repräsentative Umfragen im Mai 1996. Mehr als 60% der Befragten sprachen sich inzwischen gegen eine Mitgliedschaft in der Union aus, die immer mehr als eine Art Sündenbock in Zeiten wirtschaftlicher und sozialer Krisen gesehen wird. Skeptisch beurteilt die Bevölkerung im Unterschied zu den politischen Parteien auch eine Mitgliedschaft osteuropäischer Staaten in der EU.

Die nordischen Länder verfolgen innerhalb der EU zu sehr ihre jeweils eigenen Interessen, so daß die einzigartige Möglichkeit, einen größeren nordischen Einfluß auf der europäischen Tagesordnung durchzusetzen, gefährdet erscheint, meint der Vorsitzende der Konservativen in Dänemark, Hans Engell. Schweden wolle gerne als eine kleine europäische Supermacht auftreten, und die beiden neuen EU-Mitglieder Schweden und Finnland würden sich den anderen großen Ländern gegenüber zu loyal verhalten. Engell, der viele Jahre lang Vorsitzender der dänischen Delegation innerhalb des Nordischen Rates war, kann seine Enttäuschung nicht darüber verbergen, daß eine nordische Gemeinschaft in der EU nur sehr schwer zu entdekken ist. Finnland und Schweden hätten das Bruderland Dänemark in der Frage der Westeuropäischen Union und einer eventuellen Mitgliedschaft der Baltischen Länder enttäuscht.

III. Zwischen Kapitalismus und Sozialismus

1. Das Schwedische Modell

Bereits 1928 formulierte der spätere schwedische Ministerpräsident Per Albin Hansson vor dem schwedischen Parlament die Grundprinzipien einer Wohlfahrtsgesellschaft. Eine gute Gesellschaft, im Schwedischen spricht man von *samhälle*, was ein Zusammenhalten zum Ausdruck bringt, sei eine Gesellschaft, die wie ein gutes Heim funktioniere: „In dem intakten Heim herrscht Gleichberechtigung, Zusammenarbeit, Hilfsbereitschaft. Auf unsere ganze Gesellschaft übertragen würde dies bedeuten, daß alle sozialen und wirtschaftlichen Schranken niedergerissen werden sollten, die zu einer Aufteilung unseres Volkes in Privilegierte und Zurückgesetzte, in Herrschende und Abhängige, in Reiche und Arme, in Plünderer und Ausgeplünderte führen." Hansson forderte als Repräsentant der schwedischen Arbeiterbewegung die Verwirklichung einer Wohlfahrtsgesellschaft, einer „Volksheimat", wie er es nannte.

Eine Idealisierung des reformistischen Entwicklungsweges zwischen kapitalistischer Produktion und sozialistischen Prinzipien der Umverteilung erfolgte in den 30er Jahren in den USA unter dem Begriff „Sweden – the Middle Way" (nach einem Buch von M. Childs) und prägte Jahrzehnte das Schweden-Bild liberaler Amerikaner. Unter der Bezeichnung „Das schwedische Modell" vermittelten Sozialdemokraten wie Willy Brandt und Bruno Kreisky, die Schweden und den skandinavischen Raum während ihres Exils näher kennengelernt hatten, die Grundgedanken der Wohlfahrtsgesellschaft nach Mitteleuropa. In der Ära Brandt waren sie wichtiger Bestandteil des Regierungsprogramms.

Je nach politischem Standpunkt hat das Schwedische Modell von Anfang an seine Kritiker herausgefordert: Ausbeutung durch Sozialismus, Marsch in den Gewerkschaftsstaat, Orwell läßt grüßen oder „Wohlstandsdiktatur" seien nur als Schlagworte genannt.

Eine klare Definition des Begriffes Schwedisches Modell gibt es nicht. Seine wesentlichen Bausteine nennt R. Meidner, der Chefideologe des schwedischen Gewerkschaftsbundes: „Ein lang anhaltender und nahezu vollständiger sozialer Frieden, eine im westeuropäischen Vergleich ungewöhnlich starke Konzentration der Großindustrie in privatem Besitz, ein außergewöhnlich umfassender öffentlicher Sektor und eine stark ausgebaute Arbeitsmarktpolitik gehen einher mit einem extrem hohen Beschäftigungsgrad und einer besonders umfassenden Wohlfahrtspolitik." Grundvoraussetzung des Schwedischen Modells ist die innige Beziehung von sozialdemokratischer Partei und den mächtigen Arbeitergewerkschaften, die seit Jahrzehnten die schwedische Gesellschaft nachhaltig prägen.

Ausgehend von den übergeordneten gesellschaftspolitischen Zielen der Vollbeschäftigung und der Gleichheit (schwed.: *jämlikhet*), wobei Gleichheit nicht nur im materiellen Sinne, sondern unter dem Aspekt der Lebensqualität zu sehen ist, lassen sich nach Meidner drei Phasen der Entwicklung des Schwedischen Modells unterscheiden (s. S. 43). In der Vorkriegsperiode wurden bereits erste soziale Reformen durchgeführt. Die Arbeitergewerkschaften postulierten eine „solidarische Lohnpolitik", d.h., sie forderten gleichen Lohn für gleiche Arbeit und strebten nach geringeren Lohnunterschieden für verschiedene Tätigkeiten. Mit dem Abkommen von Saltsjöbaden 1938 wurden die Spielregeln zwischen den Tarifpartnern festgelegt, die selbständig und frei von staatlicher Bevormundung agieren konnten. Ein weiteres Merkmal der Vorkriegsperiode stellt die sozialdemokratische Krisenpolitik jener Zeit dar, die auf der Grundlage der Gedanken des englischen Liberalen Keynes Defizite im Staatshaushalt einkalkulierte, um die Konjunktur anzukurbeln. Die zweite Stufe innerhalb der Ent-

Das Schwedische Modell in schematischer Darstellung

		Übergeordnete Ziele	
		Vollbeschäftigung + Gleichheit	
Periode	Vorkriegsperiode	Nachkriegsphase 1 (Wachstum)	Nachkriegsphase 2 (Stagnation)
Akteure			
Regierung	Wohlfahrtsreformen Expansive Wirtschafts-politik (Keynes' Modell)	Expansiver öffentl. Sektor Selektive Wirtschaftspolitik (Rehns Modell) Aktive Arbeitsmarktpolitik	Ende der Reformpolitik Aktive Industriepolitik Arbeitnehmerfonds
Gewerkschafts-bewegung		*Solidarische Lohnpolitik*	
Arbeitgeber	*Saltsjöbaden*[1]	*Gewinnorientierte Lohnpolitik*	*durch arbeitsrechtliche Reformen ersetzt*
Phasen der demokratischen Entwicklung	Der erste Schritt: *Politische Demokratie* (Allgemeines Stimmrecht)	Der zweite Schritt: *Soziale Demokratie* (Verteilungsreformen)	Der dritte Schritt: *Wirtschaftsdemokratie* (Mitbestimmung und Arbeitnehmereinfluß durch Miteigentum)

[1] „Friedensabkommen" zwischen Tarifpartnern, das die Verfahrensweise für Tarifverhandlungen und für Arbeitskonflikte re-gulierte. Gleichzeitig trug das Abkommen zur Bewahrung der Tarifautonomie bei.
Quelle: Meidner, R., Hedborg, A., Modell Schweden, Erfahrungen einer Wohlfahrtsgesellschaft, Frankfurt 1984, S. 18

wicklung zum Wohlfahrts- und Sozialstaat bis Mitte der 70er Jahre kennzeichnet ein beachtliches Wirtschaftswachstum bei anhaltender Vollbeschäftigung. Der enorme Ausbau des öffentlichen Sektors zur Verwirklichung sozialer Wohlfahrt ist ebenso das Ergebnis sozialdemokratischer Vorstellungen wie eine aktive Arbeitsmarktpolitik. In den 70er Jahren nimmt aber auch die Einsicht zu, daß die Umverteilung der zunehmenden Produktion die Ungerechtigkeiten und Ungleichheiten in der Gesellschaft nicht beseitigt hat. Anfang der 70er Jahre gehen folglich von den starken Gewerkschaften – 90% aller Arbeitnehmer in der Industrie sind gewerkschaftlich organisiert und im Dachverband LO zusammengeschlossen; wer der LO angehört, ist automatisch Mitglied der sozialdemokratischen Partei – zunehmend Forderungen zur Humanisierung der Arbeitswelt und nach mehr wirtschaftlicher Demokratie aus. Die dritte Phase, die Stagnationsphase, beginnt nach dem Ölpreisschock 1973/74, der Schweden voll trifft. Geringes Wirtschaftswachstum, das unter dem Niveau der meisten OECD-Länder liegt, sowie zunehmende wirtschaftliche und soziale Unzufriedenheit prägen die Wirtschafts- und Sozialpolitik, da der Verteilungsspielraum immer enger wird. Der Widerstand gegen technische und wirtschaftliche Innovationen nimmt in der Bevölkerung deutlich zu; die Auseinandersetzung um die Kernkraft und die Datenverarbeitungstechnik sind nur zwei markante Beispiele. 1980 erlebt Schweden den schwersten Arbeitskampf seit rund 70 Jahren. Die oft bewunderte soziale Partnerschaft zwischen den Tarifparteien zerbricht. Zunehmend greift der Staat ein, um die Beschäftigung auf einem möglichst hohen Niveau zu halten. Die bürgerlichen Regierungen von 1976–1982 verändern die Grundlagen schwedischer Wohlfahrtspolitik nicht. Kurioserweise halten sie mit Subventionen in der Rezession krisengeschüttelte Betriebe über Wasser, um die Beschäftigung zu sichern.

Mit der Rückkehr der Sozialdemokraten an die Schaltstellen der Macht rückt die Produktionssphäre in den Vordergrund. Die Regierung greift mit einer aktiven Industriepolitik in die

Umstrukturierung traditionell wichtiger Branchen (Werften, Forstwirtschaft, Stahl) ein.

Unter dem Motto „Neuer Start für Schweden" versucht eine bürgerliche Regierung unter Carl Bildt (1991–94) angesichts zunehmender Arbeitslosigkeit und massiver Haushaltsprobleme den aufgeblähten öffentlichen Sektor leistungsfähiger zu machen. Konkurrenz durch Privatunternehmen und die Wahlfreiheit im staatlichen und kommunalen Pflege- und Dienstleistungsbereich sollen aus der Misere führen. Die Deindustrialisierung und den Abbau der Sozialsysteme kann aber auch die bürgerliche Regierung nicht stoppen.

Unter Göran Persson, Finanzminister in der sozialdemokratischen Minderheitsregierung Ingvar Carlssons und seit 1996 als Ministerpräsident dessen Nachfolger, bekommt Schweden den härtesten Sparkurs aller Zeiten verordnet. Doch an den alten sozialdemokratischen Werten hält er gemäß vertrauter Parteitagsrethorik weiterhin fest: „Glaubt ja nicht, daß sich die Entwicklung zurückschrauben läßt. Aber glaubt weiter fest daran, daß wir eine Gesellschaft der Gleichberechtigung und der Gleichheit der Menschen bauen werden."

Daß sich nicht alle gesellschaftlichen Probleme durch einen starken öffentlichen Sektor und eine Politik der Umverteilung lösen lassen, dieser Einsicht verschließen sich viele Schweden immer noch. Der Glaube an die Wirksamkeit öffentlicher Monopole ist nach wie vor weit verbreitet. Nach Ansicht der schwedischen Journalistin Cecilia Stegö sind es drei Kennzeichen, die das Schwedische Modell ausmachen, und gerade die hätten zum Ende des Wachstums geführt:
- „erstens Gleichheit als übergeordnetes ideologisches Ziel
- zweitens der Glaube, daß Größe und Einheitlichkeit wirksamer seien als kleinere Einheiten und Vielfalt
- drittens die Ansicht, daß eine starke und aktive Staatsgewalt viel mehr die Freiheit der Bürger garantiere, als daß sie sie einschränke."

Ein düsteres Zukunftsbild malt der Wirtschaftswissenschaftler Johan Lybeck im Sommer 1996, wenn er dem Land 30 Jahre harter Anpassung prophezeit. Der öffentliche Sektor müsse weiter schrumpfen, und daß die gesamten öffentlichen Ausgaben in Schweden 1995 etwa 65% des Bruttonationalproduktes ausmachten, sei untragbar. Es bleibt abzuwarten, ob das Land aus der „Diktatur des wohlwollenden Mittelmaßes" zu neuen Wegen findet. Mehr Individualismus, Beweglichkeit und Phantasie müssen nicht zwangsläufig zu einer Ellenbogengesellschaft führen.

2. Skatt = Schatz: Steuern in Schweden

Die Schweden sind ein einsichtiges Volk. Zwar vertritt die Mehrheit der Bevölkerung die Meinung, die Steuern seien zu hoch, doch berücksichtigt man die Leistungen des Staates, dann gehe die Besteuerung durchaus in Ordnung. Von einer Steuerrevolte wie im benachbarten Dänemark, wo einst die Partei des Steuerrebellen Glistrup auf Anhieb 16% aller Wählerstimmen erhielt, keine Spur, und das in einem Land, in dem die Steuerlasten höher sind als in irgendeinem vergleichbaren anderen Land.

Die Wohlfahrt hat ihren Preis. Seit den 70er Jahren ist die Steuer- und Abgabenbelastung von 40% auf mehr als die Hälfte des Bruttosozialprodukts angestiegen. Den ganzen Widersinn des schwedischen Steuersystems erfuhren Astrid Lindgren und Ingmar Bergman. Die Kinderbuchautorin, die ohnehin den höchsten Steuersatz zu zahlen hatte, sollte 1976, da sie auch als Unternehmerin eingestuft worden war, insgesamt über 100% Steuern an den Fiskus entrichten. Ihre alptraumartigen Erfahrungen hat sie wenig später in ihrem „Pomperipossa-Märchen" literarisch aufgearbeitet. Ingmar Bergman, der bekannte Regisseur, verließ Schweden 1976 unter Protest, weil es sich von den Steuerbürokraten zu Unrecht verfolgt fühlte, wurde später jedoch rehabilitiert. Sportgrößen wie Björn Borg, Ingemar Stenmark und Mats Wilander haben sich beizeiten im Steuerparadies von Monaco niedergelassen. Volkswirtschaftlich kritischer erscheint dagegen die Abwanderung schwedischer Millionäre in den vergangenen Jahren, vorwiegend in die

USA. Zwischen 1980 und 1983 durften rund 1100 Millionäre, nachdem sie alle noch ausstehenden Steuern und Abgaben geleistet hatten, ins Ausland. Für ausländische Spezialisten ist Schweden weitgehend uninteressant, auch wenn der Fiskus ihnen etwas entgegenkommt. Für viele Einheimische dagegen ist das „Fiffeln", die Mogelei gegenüber dem Finanzamt, längst zum Nationalsport geworden, denn nimmt der Steuerdruck zu sehr zu, werden die Schweden erfinderisch. Die Schattenwirtschaft blüht, Dienstleistungen werden gegen Dienstleistungen getauscht. Reparierst du mir mein Auto, flicke ich dir dein Dach . . .

Arbeitnehmer verzichten liebend gern auf Lohnerhöhungen und handeln statt dessen andere Vergünstigungen aus.

Steuerhinterziehung gilt als eines der schwersten Vergehen gegen den sozialen Grundgedanken des Wohlfahrts- und Sozialstaates. Wer seine Steuererklärung falsch oder unvollständig ausfüllt, zahlt einen Steuerzuschlag, ein Bußgeld, das in der Regel 40% des Steuerbetrags ausmacht, der eigentlich fällig gewesen wäre. Damit entgeht man jedoch nicht einem möglichen Verfahren wegen Steuerhinterziehung.

Ein Steuergeheimnis kennt man in Schweden nicht. Jeder darf und soll wissen, was sein Nachbar verdient und versteuert; das hilft der Ehrlichkeit auf die Sprünge. Nachdem die Regierung Anfang der 80er Jahre den Behörden schärfere Kontrollmöglichkeiten der Bürger eingeräumt hat, helfen die Behörden kräftig nach, indem sie die Möglichkeit elektronischer Datenverarbeitung nutzen. Wenn es um die Eintreibung der Steuern geht, die in Schweden zu Recht *skatt* = „Schatz" heißen, spielt die Privatsphäre des einzelnen nur eine untergeordnete Rolle.

1991 trat ein neues Steuersystem in Kraft, das vor allem die Bezieher höherer Einkommen von der staatlichen Einkommenssteuer entlastete, gleichzeitig wurde die Besteuerungsgrundlage seit der Reform ständig erweitert. Die kommunale und die staatliche Einkommenssteuer sind die beiden wichtigsten direkten Steuern. Die meisten Schweden zahlen 30 bis 35% als kommunale Einkommenssteuer, deren Höhe die jeweilige Gemeinde festlegt. Versteuert werden auch Renten, Pensionen, Kranken- und Arbeitslosengeld. Für Jahreseinkommen über ca. 230 000 SEK (1996) wird zusätzlich eine staatliche Einkommenssteuer von 20% fällig, 1995 kam eine Art Solidarzuschlag hinzu, so daß Besserverdienende jetzt 25% an den Staat abführen. Die Mehrwertsteuer *(moms)* für Waren und Dienstleistungen liegt meist bei 25%, für Nahrungsmittel beträgt sie 12%.

Zinseinnahmen aus Sparkonten und Ausschüttungen von Dividenden auf Aktien und Fondsanteile unterliegen einer Kapitalsteuer von 30%. Ein Teil der Darlehens- und Sollzinsen kann bei der jährlichen Einkommenssteuer abgesetzt werden. Wer ein Haus, ein Freizeithaus oder Grundbesitz sein eigen nennt, zahlt eine Grundsteuer von 1,7% auf einen Einheitswert, der oft nicht weit vom Marktwert entfernt ist oder gar höher angesetzt ist. Doch damit nicht genug. Auf Vermögensteile über 800 000 SEK wird eine Vermögenssteuer von 1,5% fällig. Die Steuerbürokraten tüfteln immer wieder neue Möglichkeiten aus, den Steuerhunger des Staates zu stillen.

3. Arbeitsmarkt und Einkommen

Gegenüber den wirtschaftspolitischen Teilzielen Wachstum, niedrige Inflationsrate und ausgeglichene Leistungsbilanz nahm die Vollbeschäftigung in Schweden den ersten Rang ein. Im internationalen Vergleich fiel die offene Arbeitslosigkeit verblüffend gering aus. Während sie in den 70er Jahren im Jahresdurchschnitt zwischen 1,5 und 2,7% schwankte, lagen die Werte in der ersten Hälfte der 80er Jahre auf einem durchweg höheren Niveau. Eine Arbeitslosenquote von 3,5% im Jahre 1983 kam aus schwedischer Sicht einer mittleren Katastrophe gleich. Da die Zahl der Beschäftigten danach um jährlich einige Zehntausend angestiegen ist, sank die Arbeitslosenquote wieder auf unter 3% ab. Berücksichtigt man eine in Schweden viel höhere Beschäftigungsquote von über 80% als in den anderen OECD-Staaten, wird die Sonderstellung des schwedi-

Familie mit zwei Kindern, 4 und 10 Jahre alt. Beide Eltern arbeiten, die Kinder haben Plätze in der Kindertagesstätte bzw. Freizeitheim. Eigenheim.

Einkommen	SEK/Monat
Lohn 1	17 700
Steuern/Eigenbeiträge	−5 750
Lohn 2	11 100
Steuern/Eigenbeiträge	−3 350
Kindergeld	1 280
Summe der Einkommen	**20 980**
Ausgaben	
Wohnung, 4 Zi. u. Küche	7 150
Haushaltskosten	9 630
Kinderbetreuung	2 160
Sonstiges	2 040
Summe der Ausgaben	**20 980**

Alleinstehende mit einem Kind, 8 Jahre, Platz im Freizeitheim. Mietwohnung

Einkommen	SEK/Monat
Lohn	11 100
Steuern/Eigenbeiträge	−3 350
Kindergeld	640
Wohngeld	1 810
Unterhaltsvorschuß	1 170
Summe der Einkommen	**11 390**
Ausgaben	
Wohnung, 3 Zi. u. Küche	4 380
Haushaltskosten	5 410
Kinderbetreuung	440
Sonstiges	1 160
Summe der Ausgaben	**11 390**

Zwei zusammenwohnende Personen. Eigenheim.

Einkommen	SEK/Monat
Lohn 1	15 500
Steuern/Eigenbeiträge	−4 970
Lohn 2	19 800
Steuern/Eigenbeiträge	−6 780
Summe der Einkommen	**23 550**
Ausgaben	
Wohnung	6 580
Haushaltskosten	5 710
Sonstiges	11 260
Summe der Ausgaben	**23 550**

Quelle: Tatsachen über Schweden. Schwedisches Institut, Stockholm, 1996

schen Arbeitsmarktes deutlich, denn in den letzten Jahren drängten immer mehr Frauen auf den Arbeitsmarkt, da vor allem die Teilzeitbeschäftigungen im öffentlichen Sektor markant zunahmen. Der gezielte Ausbau des „Volksheims", d.h. der Schulausbildung, der Kindergärten und Tagesstätten, des Gesundheitssektors und der Altenbetreuung hat in den letzten drei Jahrzehnten mehr als einer Million Menschen Arbeit gegeben. Über eine aktive staatliche Strukturpolitik schaffte der Wohlfahrtsstaat Arbeitsplätze. Die für eine spätindustrielle Gesellschaft typische Verschiebung der Beschäftigten vom primären und sekundären Sektor zum tertiären Wirtschaftsbereich hält weiter an. Der Schritt in die Dienstleistungsgesellschaft ist längst vollzogen, da inzwischen über 70% der Erwerbsbevölkerung im tertiären Sektor beschäftigt sind.

Die tatsächliche Beschäftigungslage spiegelte die niedrige Arbeitslosenquote allerdings nicht wider, denn die Zahl derer, die im Rahmen der aufwendigen Arbeitsmarktpolitik kurzzeitig von beschäftigungspolitischen Maßnahmen erfaßt wurden, erreichte oder übertraf gar die offene Arbeitslosigkeit.

Die Arbeitsmarktpolitik mußte sich um einen ständig größer werdenden Personenkreis kümmern, da es galt, den Arbeitsmarkt an den rasanten Strukturwandel sowie die ständigen Konjunkturschwankungen anzupassen. Das arbeitsmarktpolitische Auffangnetz ist sehr feinmaschig geknüpft. Neben „Matching-Maßnahmen", die die Stellenvermittlung effektiver gestalten sollen, fördert man gezielt und großzügig die geographische Mobilität des Individuums; Arbeitslose und Schwervermittelbare erhalten eine spezielle kostenlose Ausbildung auf dem Arbeitsmarkt. In Regionen mit überdurchschnittlich hoher Arbeitslosigkeit finanziert der Staat Notstandsarbeiten, früher vorwiegend Wald-, Bau- und Straßenarbeiten, heute, da Jugendliche die Hauptzielgruppe dieser Maßnahmen sind, handelt es sich meist um Arbeiten im kommunalen Dienstleistungs- und Pflegesektor. Seit 1984 haben Jugendliche im Alter von 18 und 19 Jahren Anspruch auf vorübergehende Beschäftigung, für die die Kommunen sorgen müssen. Die Palette der Maßnahmen kann hier nur angedeutet werden.

Seit 1990 hat sich die Lage auf dem Arbeitsmarkt dramatisch verändert. Die Expansion des öffentlichen Sektors, der Jahrzehnte für ein Beschäftigungswachstum sorgte, das Schweden eine der weltweit höchsten Erwerbsquoten bescherte, ist vorbei. Viele Planstellen öffentlich Bediensteter bei den Kommunen und Provinziallandtagen wurden in den letzten Jahren wegrationalisiert. Da auch im privaten Dienstleistungssektor und in der Industrie die Zahl der Beschäftigten stark schrumpfte, erreichte die tatsächliche Arbeitslosigkeit mit 14% im Sommer 1996 ein für Schweden nie gekanntes Ausmaß.

Immer näher gekommen ist man inzwischen dem Ziel einer gleichmäßigeren Einkommensverteilung. Die Umverteilung über die Steuern und Zuwendungen des Staates beeinflussen die Kaufkraft der privaten Haushalte stärker als die Einkommen aus der Arbeit. Ein Drittel der Haushalte mit den niedrigsten Einkommen erhält die höchsten Zuschüsse des Staates, zum Beispiel über Wohngeld oder Zahlungen für den Besuch kommunaler Kinderhorte.

Das durchschnittliche Bruttoeinkommen eines Industriearbeiters lag 1995 bei rund 14 500 SEK im Monat. Löhne und Gehälter sind in Schweden in der Regel deutlich niedriger als in der Bundesrepublik. Der hohe Anteil der Frauen auf dem Arbeitsmarkt erklärt sich zum Teil aus der Notwendigkeit, in einer Familie oder Lebensgemeinschaft ein Einkommen beizusteuern, damit ein gewisser Lebensstandard erzielt werden kann. Unter dem Aspekt des Einkommens lohnt sich eine lange akademische Ausbildung gegenüber kürzeren Ausbildungsgängen immer weniger, so eine Studie, in der die Einkommensentwicklung von 1970–1990 untersucht wurde. Ein Zahnarzt und ein Polizeibeamter erzielen inzwischen etwa dasselbe Einkommen. Nur die Einkünfte der leitenden Manager sind in den letzten Jahren kräftig angestiegen.

Die Kaufkraft in Schweden ist nicht weit davon entfernt, leistungsunabhängig zu sein; Einkommensumverteilung im Wohlfahrtsstaat: ein Fortschritt, der sich selbst aufhebt? Es gibt wohl keinen Bereich, in dem der Gedanke der *jämlikhet,* der

Gleichheit, so rigoros umgesetzt worden ist. Aus der Perspektive der Konservativen ist im Schweden der Sozialdemokraten angesichts der Staatsverschuldung nicht nur der Staat arm, sondern die Armut über alle Mitbürger solidarisch verteilt.

4. Gleichstellung der Geschlechter: ein konsequent verfolgtes Leitbild

Während in den meisten Ländern Initiativen zur Gleichstellung von Mann und Frau die Absicht verfolgen, die Erwerbstätigkeit der Frauen, die eine Art Arbeitsmarktreserve darstellen, zu steigern, hat man in Schweden in den letzten drei Jahrzehnten konsequent ein gesellschaftspolitisches Leitbild der Gleichstellung der Geschlechter entwickelt, das in seinen gesetzlichen Bestimmungen so rigoros anmutet, daß die Wirklichkeit nur hinterherhinken kann. Bereits in einem schwedischen UNO-Bericht aus dem Jahre 1968 heißt es, Frauen wie Männer müßten in der Lage sein, zwei Rollen zu spielen; denn neben einer aktiven Teilnahme am Familienleben müßten beide Partner die Möglichkeit haben, außerhalb des Hauses arbeiten zu können.

In den folgenden Jahren entwickelte sich die Frage der Gleichstellung der Geschlechter zu einer hochpolitischen Angelegenheit, die so gut wie keinen Politikbereich ausklammerte. Daß die Fülle der gesetzlichen Forderungen auch eingehalten wird, darüber wacht der „Gleichstellungsombudsmann" und die „Schiedsstelle für Gleichstellungsfragen". Um die ungleiche Geschlechterverteilung am Arbeitsplatz abzubauen – inzwischen liegt die Erwerbsquote weiblicher Beschäftigter bei etwa 80% mit hohem Anteil an Teilzeitbeschäftigungen –, sind beispielsweise Regionalmittel zur Industrieansiedlung und Erweiterung von Betrieben an Auflagen gebunden, die die Gleichstellung der Geschlechter berücksichtigen. So erhält ein Unternehmen einen staatlichen Zuschuß nur dann, wenn wenigstens 40% der Beschäftigten in einem „Männerbetrieb" Frauen sind – und umgekehrt.

Auch wenn Frauen inzwischen fast jeden Beruf ergreifen können und in klassische Männerberufe gehen, gibt es nach wie vor einen „männlichen" und „weiblichen" Arbeitsmarkt. Daran ändert in absehbarer Zeit auch das Gesetz über die Gleichberechtigung der Geschlechter im Erwerbsleben nichts, das Arbeitgebern vorschreibt, bei Neueinstellungen Bewerber des unterrepräsentierten Geschlechts zu berücksichtigen.

Bereits in der Schule wird die Gleichstellung von Mann und Frau großgeschrieben, wenn Jungen und Mädchen Pflichtunterricht in Hauswirtschaftskunde, Kinderpflege und Technik erhalten. Daß Vorschul- und Grundschullehrer nicht überwiegend weiblichen Geschlechts sind, soll eine Quotenregelung verhindern, die andererseits auch dafür sorgt, daß mehr Frauen zu Schulleitern aufsteigen können als bisher.

Die grundsätzliche Bejahung der Gleichberechtigung geht vielen Schweden leicht über die Lippen, schwerer fällt es, die praktischen Konsequenzen zu ziehen, die sich aus dem veränderten Rollenverständnis ergeben. Dies wird vor allem am Beispiel familienpolitischer Förderungsmaßnahmen des Staates deutlich, die davon ausgehen, daß der Mann seinen Part an Hausarbeit und Kinderbetreuung übernimmt. Über Schweden hinaus bekannt wurde die Mitte der 70er Jahre eingeführte und später erweiterte Elternversicherung, die es Vater und Mutter je zur Hälfte ermöglicht, mindestens 15 Monate (vgl. S. 55) bezahlten Elternurlaub in Verbindung mit der Geburt eines Kindes zu nehmen. Jeder Elternteil kann bis auf 30 Tage seinen Anspruch auf den Partner übertragen. Doch nutzten nur wenige der Väter die volle Möglichkeit, die das Gesetz bietet. Nur jedes vierte Kind, das während der 1980er Jahre geboren wurde, hatte seinen Vater wenigstens einen Monat daheim. Die Furcht vor dem Karriere-Knick hält viele Männer ab, die großzügigen Gesetze in Anspruch zu nehmen. Es sind die Frauen, die überwiegend ihre Erwerbstätigkeit der Familiensituation anpassen.

Die Kombination von Beruf und Familie ist vielen Frauen möglich, weil die kommunale Kinderbetreuung inzwischen erheblich ausgebaut worden ist. Auf dem Arbeitsmarkt sind die Unterschiede zwischen den Geschlechtern noch erheblich. 41% der erwerbstätigen Frauen arbeiten Teilzeit, aber nur 9% der Männer. Schwedens Frauen sind im öffentlichen Dienst überrepräsentiert, im privaten Sektor nehmen sie gerade 10% der Führungspositionen ein, an den Universitäten und Hochschulen sind 7% der Frauen Professoren. Im internationalen Vergleich sind die Einkommensunterschiede zwischen Männern und Frauen eher gering, aber es gibt sie; zum Teil sind sie tatsächlich als Folge reiner Diskriminierung zu verstehen. Dann kann die Arbeitnehmerin sich mit guten Aussichten an ihre Gewerkschaft oder direkt an den Ombudsmann für Gleichberechtigung wenden.

Mit gutem Beispiel in der Frage der Gleichberechtigung ging die Regierung Ingvar Carlsson nach den Wahlen von 1994 voran: In seiner Regierung nahmen Frauen die Hälfte der Ministerposten ein, nachdem bei den Reichstagswahlen zuvor 41% der Sitze an das weibliche Geschlecht gegangen waren.

5. Von der Wiege bis zur Bahre: die Sozialleistungen

Für ihre immens hohen Steuern und Abgaben bekommen die Schweden eine Fülle von Sozialleistungen und Vergünstigungen, die jedem einen soliden Lebensstandard ermöglichen; bei Geburt, Krankheit, Arbeitslosigkeit, Alter und Tod des Familienversorgers hilft die Sozialversicherung. Familien mit Kindern und Bezieher niedriger Einkommen erhalten ferner Zuwendungen, die die Unterschiede zwischen den Einkommensschichten ausgleichen. Doch in den vergangen Jahren sind die Sozialleistungen zunehmend abgebaut worden. Für die meisten Haushalte wird die wirtschaftliche Lage immer schwieriger, dies gilt vor allem für Familien mit Kindern. Um die Staatsfinanzen in den Griff zu bekommen, werden allen Bevölkerungsschichten Opfer abverlangt. Hier ein knapper Überblick über die Sozialleistungen (Stand 1996):

- Das Arbeitslosengeld beträgt nach fünf Karenztagen 75% des letzten Einkommens in einer begrenzten Höhe, maximal 300 Tage, für ältere Arbeitslose bis 450 Tage.
- Im Krankheitsfall erhält der Arbeitnehmer nach einem Karenztag ebenfalls 75% des Einkommens.
- Das einkommensunabhängige Kindergeld beträgt je Kind monatlich 640 SEK, vom dritten Kind an wird kein erhöhter Betrag mehr gezahlt.
- Das Elterngeld bei der Geburt eines Kindes ermöglicht einem der beiden Elternteile, bei nunmehr 75% des Einkommens 300 Tage lang, also rund 15 Monate, beim Kind zu bleiben. Für weitere 60 Tage Elternurlaub, sofern der Vater einen Monat die Betreuung übernimmt, werden 85% des Einkommens gezahlt, für weitere 90 Tage gibt es 60 SEK pro Tag.
- Für kinderlose Haushalte entfällt das Wohngeld.
- Mindestens drei Jahre in Schweden ansässigen Personen steht ab dem 65. Lebensjahr eine Grundrente zu, die bei voller Höhe für Alleinstehende 1995 bei etwa 2800 SEK lag.
- Schüler der Gymnasialschule bekommen pro Monat (auf 9 Monate gekürzt) 640 SEK, Studierende können unabhängig vom Elterneinkommen ein Studiengeld erhalten, das als tilgungsfreie Studienhilfe (1996: ca. 2000 SEK) und Studiendarlehen von rund 5000 SEK gezahlt wird.
- Alle in Schweden lebenden Personen sind staatlich krankenversichert, doch fallen bei jedem Arzt- und Apothekenbesuch feste Pauschalen an. Wer einen Arzt konsultiert, zahlt zwischen 100 und 200 Kronen pro Besuch. Der Eigenanteil für das erste Arzneimittel beträgt inzwischen 170 SEK und 70 SEK für jedes weitere Medikament. Doch wer innerhalb eines Jahres 2200 SEK für Arzt und Arzneimittel ausgegeben hat, zahlt für den Rest des Jahres nichts mehr.

Auch wenn viele Leistungen zurückgestuft und die Bedingungen des Bezugs verschärft worden sind, hat das schwedische Sozialversicherungssystem seinen allgemeingültigen Charakter bewahrt.

Vorbildliche Spezialeinrichtungen gibt es auch für Behinderte, die man in Schweden nicht versteckt, sondern nach Möglichkeit am normalen Leben teilhaben läßt. So ermöglicht zum Beispiel der kommunale Fahrdienst Behinderten, Besorgungen zu erledigen sowie Freizeit- und kulturellen Interessen nachzugehen.

Die außerhalb Schwedens oft verbreitete Vorstellung, die schwedische Sozialpolitik sei völlig unumstritten, ist falsch. Vor allem in Fragen der Familienpolitik und der Kinderbetreuung scheiden sich die Geister. Strittig ist immer wieder die Abgrenzung des Verantwortungsbereichs zwischen Eltern und Gesellschaft. Der Ausbau kommunaler Kindertagesstätten und anderer Einrichtungen zur Kinderbetreuung erfolgte nicht in dem Tempo, in dem immer mehr Frauen auf den Arbeitsmarkt drängten. Zusätzlich zur verschlechterten wirtschaftlichen Situation von Familien mit Kindern waren somit viele Familien gezwungen, privat Tagesmütter für die Betreuung ihrer Kinder zu bezahlen, während andere ihre Kinder in kommunalen Tagesstätten unterbringen konnten. Es gibt aber auch ideologische Differenzen zwischen den Eltern. Einige wollen, daß ein Elternteil zu Hause bleibt und die Kinder betreut; sie argumentieren, die Familienpolitik diskriminiere die Hausarbeit und enge die Erziehenden in der Freiheit ihrer Entscheidung ein, während die Befürworter der Kindertagesstätten die Ansicht vertreten, man wolle die Frauen vom Arbeitsmarkt zurück an den heimischen Herd drängen. Einig ist man sich offensichtlich nur darüber, daß mehr geschehen muß, um die wirtschaftliche Situation von Familien mit Kindern spürbar zu verbessern.

6. Prinzip Chancengleichheit:
Gesamtschule und integrierte Gymnasialschule

Daß man in Schweden nach dem Zweiten Weltkrieg eine Strukturreform des Schulsystems als Hebel benutzte, um gesellschaftliche Veränderungen durchzusetzen, kann nicht verwundern. Ausgehend von der Auffassung, eine Isolierung der Schule von der Gesellschaft dürfe es nicht geben, sondern die Arbeit der Schule sei auf die Entwicklung des *samhälle* auszurichten, ja sie müsse verändernd auf die Gesellschaft einwirken, haben ihre Reformer immer soziale und wirtschaftspolitische Zielsetzungen im Auge gehabt. Erhöhte Chancengleichheit im Bildungsbereich nicht nur für Kinder unterer Sozialschichten, sondern auch für Erwachsene mit weniger umfangreicher Schulbildung, Gleichberechtigung der Geschlechter, Möglichkeiten zu lebensbegleitendem Lernen sowie ein enger Kontakt zwischen Ausbildung und Arbeitswelt sind die Grundgedanken einer Reformarbeit, die um 1950 mit einem aufwendigen Modellversuch zur neunjährigen Einheitsschule im Stockholmer Raum begann.

Seit 1962 ist die Gesamtschule *(grundskola)* Regelschule, in der die Schulpflicht für das Kind mit Vollendung des 7. Lebensjahres beginnt und mit dem 16. endet. In den ersten sechs Jahren haben alle Schüler die gleichen Fächer, während in den letzten drei Jahren auf der Oberstufe begrenzte Wahlmöglichkeiten bestehen. Vom 3. oder 4. Schuljahr an ist Englisch Pflichtfach, manchmal auch bereits ab der ersten Klasse. Ab der 6. oder 7. Klasse ist eine zweite Fremdsprache obligatorisch, in erster Linie Deutsch, Französisch oder Spanisch. Pflichtfächer für Jungen und Mädchen gleichermaßen sind Technik, Haushaltskunde und Kinderkunde. Fester Bestandteil der schulischen Ausbildung ist ferner die praktische Berufsorientierung. 6–10 Wochen während ihrer Schulzeit sollen die Schüler Erfahrungen über die Arbeitswelt am Ort sammeln und gemäß schwedischer Gleichberechtigungslogik die Jungen klassisch weibliche Berufe, die Mädchen typisch männliche Erwerbszweige kennenlernen. Eine Auslese nach Begabung oder Leistungsniveau erfolgt in der Gesamtschule nicht.

In den dünnbesiedelten Räumen des Landes sind die Gemeinden verpflichtet, für den Transport der Schüler zu sorgen. Manchmal ist es kostengünstiger, Kinder über 60 km oder mehr mit dem Taxi zur Schule zu fahren, als Ausbildungsmöglichkeiten am Wohnort anzubieten. In den bevölkerungsschwachen Gebieten gehen häufig Schüler aus zwei oder drei Jahrgängen in die gleiche Klasse. Ihr Bildungswesen lassen sich die Schweden einiges kosten: Es erhält etwa 12% aller Mittel des Staatshaushaltes. Natürlich sind im Sozialstaat die Lehrmittel kostenlos, Klassen- und Fachräume weisen eine üppige Ausstattung auf, und die Schüler bekommen ein kostenloses Mittagessen. Einige Tage im voraus können sie in der Lokalpresse lesen, wie der Speiseplan für die kommende Woche an den Schulen ihrer Gemeinde aussieht, natürlich mit einem Sondermenü für Diabetiker. Speziallehrer, Sozialpädagogen, Schulpsychologen und Schulkrankenschwestern unterstützen den Klassen- und Fachlehrer in seiner Arbeit. An materiellen Voraussetzungen fehlt es in der Gesamtschule nicht.

Neuere Untersuchungen zeigen deutlich die inneren Schwächen des Systems. Zu viele Schüler schließen die Gesamtschule, in der Hausaufgaben kein besonderes Gewicht haben und Noten und Zeugnisse erst in den letzten Klassen erteilt werden, ohne solide Grundkenntnisse ab. Unzufriedenheit und Verdruß sind bei allen am Schulleben Beteiligten weit verbreitet, die Gewaltbereitschaft in den Schulen hat deutlich zugenommen. Nicht wenige der Gesamtschullehrer, die schlecht bezahlt sind, denken über einen Berufswechsel nach.

Privatschulen, denen die bürgerliche Regierung 1991 bis 94 offen und fördernd gegenüberstand, spielen nur eine untergeordnete Rolle und werden von den Sozialdemokraten kritisch betrachtet, da das Schulsystem aus demokratischen Gründen einheitlich sein soll. Von den Behörden anerkannte „unabhängige Schulen" erhalten folglich geringere öffentliche Mittel.

Der zweite Pfeiler des schwedischen Schulsystems ist die integrierte Gymnasialschule *(gymnasieskola)*, die frühere Gymnasien, Fach- und Berufsschulen ersetzt und von über 90% der Gesamtschulabsolventen besucht wird. Die Schüler können nach einer Reform 1995/96 aus 16 landesweit angebotenen Ausbildungsprogrammen von dreijähriger Dauer auswählen. 14 der Programme sind stark berufsbezogen, zwei bereiten hauptsächlich auf ein Hochschulstudium vor, doch alle Ausbildungsgänge ermöglichen nach Abschluß der Gymnasialschule ein Studium. Für alle Schüler sind daher als Kernfächer verbindlich: Schwedisch, Englisch, Gemeinschaftskunde, Religionskunde, Mathematik, Naturwissenschaften, Sport und Kunsterziehung. In den berufsbezogenen Programmen verbringt der Schüler mindestens 15% der gesamten Ausbildungszeit in einem Betrieb.

Doch was als wohlgemeinte Reform zur Umsetzung des Gleichheitsgedankens gemeint war, scheint die schwächeren Schüler besonders zu treffen, denn auch vorher zweijährige Ausbildungsprogramme wurden zu dreijährigen aufgestockt. Der Theorieanteil des Unterrichts ist deutlich erhöht worden, und das neue Bewertungssystem stellt höhere Lernanforderungen. So landen schwache und lernunwillige Schüler im sogenannten „individuellen Programm", wo sie weitgehend nur verwahrt werden. Henrik Forsslund, Lehrer am St. Görans-Gymnasium in Stockholm, urteilt hart: „Schüler, die in der Gesamtschule Lernprobleme hatten, haben es in der neuen Gymnasialschule noch schwerer und wechseln deshalb bald zum sogenannten individuellen Programm. Schüler ohne Motivation und manchmal auch Schüler mit asozialen und kriminellen Verhaltensmustern kommen in solche Sondergruppen, die nur schwer zu unterrichten sind – wenn die Schüler überhaupt zum Unterricht kommen."

Vom Schuljahr 1998/99 an wird zur Gymnasialschule nur zugelassen, wer genügende Leistungen in Schwedisch, Englisch und Mathematik vorweisen kann.

IV. Zum Umgang mit Minderheiten

1. Die Sami heute:
Anpassung mit ethnischem Selbstbewußtsein

Die meisten Schweden wissen recht wenig über die Sami, die Urbevölkerung des Nordens. Viele waren überrascht, als der populäre Eishockey-Altstar Börje Salming im Rahmen einer Werbekampagne seine samische Herkunft hervorhob und ankündigte, er werde sich an den Wahlen zum *Sameting,* dem politischen Organ aller schwedischen Sami, beteiligen. Schätzungen zufolge leben etwa 17 000 Menschen in Schweden, die dieser Minorität zuzurechnen sind. Insgesamt geht man von etwa 60 000 Sami – sie selbst bezeichnen sich als *Sabme,* Plural *Samek,* und empfinden den Namen „Lappen" als diskriminierend – im nordskandinavischen Raum und auf der Kola-Halbinsel aus, die meisten von ihnen leben in Norwegen.

Über Jahrtausende wurden Leben, Wirtschaftsweise und Kultur der Sami von den Lebensgewohnheiten des Rentiers geprägt. Noch vor Jahrzehnten folgten sie als Nomaden dem natürlichen Wandertrieb der Rene. Im Einklang mit der Natur basierte das Leben der Sami weitgehend auf Naturalwirtschaft. Das Ren nutzten sie mit Haut, Huf und Haar, da das Tier ihnen Beförderung, Nahrung, Kleidung, Werkzeug und Obdach bot. Rentierfelle und Leder waren wichtige Tauschgüter.

Heute geht es bei der Rentierzucht ausschließlich um die Fleischproduktion. In Schweden gibt es 44 dorfähnliche Gemeinschaften, verwaltungsmäßige und wirtschaftliche Zusammenschlüsse , in denen die Rentierzucht dominiert. Manchmal lassen 15 oder 20 Rentierhalter ihre gekennzeichneten Tiere auf dem Gebiet der Größe Belgiens weiden. Per Hubschrau-

Rentierzucht in Schweden (1995)

	Anzahl
Unternehmen	700
Rentierzüchter	2 000
Rentiere	300 000

Rentierweidegebiete, in 1 000 ha

– ganzjährig	10 000
– nur im Winter	5 700
Insgesamt	15 700

ber, Geländewagen, Motorrad und Schneemobil überwachen sie ihre Herden. Modernste Technik und Rationalisierung der Rentierwirtschaft haben den Züchtern die Arbeit erleichtert und ihren Lebensstandard deutlich erhöht. Statt in Stangenbogenzelten wohnt man in komfortablen Wohnsiedlungen. Nur noch 12% der schwedischen Sami finden in der Rentierzucht Beschäftigung. Jährlich werden etwa 85 000 Rentiere geschlachtet. Der Reaktorunfall von Tschernobyl hat die Sami zwar hart getroffen, aber die Grundlage ihrer Kultur, die Rentierzucht, offensichtlich nicht zerstört (s. S. 102). Die meisten schwedischen Sami leben in den Städten, viele in Stockholm, nehmen kaum oder gar nicht Anteil an der gemeinsamen Kultur und Sprache der Minorität und haben sich an die schwedische Bevölkerung angepaßt. Auch beherrschen nicht alle Rentierzüchter das Samische, das zur finnisch-ugrischen Sprachenfamilie gehört. Alle sprechen jedoch Schwedisch, manche im hohen Norden auch Finnisch.

Die Kultur der Sami, deren Träger die rentierzüchtenden Familien sind, ist nicht erst seit den Jahren nach Tschernobyl bedroht. In den letzten Jahren sind der Minorität lebensnotwendige Weidegründe genommen worden, da der Ausbau der Wasserkraft eine Überflutung weiter Gebiete mit sich brachte. Kahlschläge, Staudämme, Erzabbau oder die Anlage von Straßen durch alte Weidegebiete sowie Baustellenlärm, Wasser- und Luftverschmutzung veränderten den Lebens- und Wirtschaftsraum der Sami nachhaltig. Über fast zwei Jahrzehnte

Abb. 2: Die Sami (Lappen) sammeln ihre Rene, die sich im Sommer häufig mit den Tieren anderer Gemeinschaften vermischen. Ringzäune, kleine Zaungehege und das unentbehrliche Lasso helfen bei der Scheidung der Rentiere. Das Bild zeigt Sami vor einem Gatter, in dem die Jungtiere ausgesondert werden. Herbst bzw. Winteranfang sind die Zeit der Schlachtung, da die Tiere im Winter deutlich an Gewicht verlieren und ein Schlachten im Frühjahr unrentabel wäre.

führten die Sami einen Mammutprozeß gegen den schwedischen Staat, weil sie jahrhundertelang genutzte Weidegebiete als Eigentum anerkannt haben wollten, um nicht den Interessen der Wohlstandsgesellschaft ausgesetzt zu sein. In letzter Instanz wurde seinerzeit entschieden, daß die Rentierzüchter Grund und Boden nicht als Besitz beanspruchen könnten. Zugestanden wurde ihnen lediglich ein Nutzungsrecht an Boden und Wasser. So ist es nicht verwunderlich, wenn viele Sami den Staat als Kolonisator und Ausbeuter der Naturschätze sehen.

Seit 1993 gibt es das jeweils für vier Jahre gewählte *Sameting,* dem 31 gewählte Mitglieder aus der samischen Bevölkerung angehören. Zwar wird in dem neuen Forum z.B. über die Verteilung der staatlichen Gelder entschieden und über alle Anliegen der Minorität diskutiert, doch ist das Sameting bisher kein Organ der Selbstverwaltung, sondern eine der Regierung untergeordnete staatliche Behörde.

Der Wind, der den Sami von verschiedenen Seiten ins Gesicht bläst, hat ihr Selbstbewußtsein und Zusammengehörigkeitsgefühl als Mitglieder einer ethnischen Minderheit in letzter Zeit eher gestärkt. Die Zahl derer, die sich als Sami fühlen, ist größer als vor einigen Jahren, das Vereinsleben ist lebendig. Auch wenn der Sprachwechselprozeß weit fortgeschritten ist, trotz besonderer Sami-Schulen nur wenige Jugendliche das Samische erlernen und die „Verschwedung" unter dem Einfluß der Massenkultur zunimmt, so existiert dennoch ein Gefühl samischer Identität. Vielleicht gelingt es über das *Sameting,* im Lande mehr Aufmerksamkeit und Verständnis für die Eigenart dieser Volksgruppe zu wecken.

2. Einwanderer, nicht Gastarbeiter

Mit den deutschen Hansekaufleuten im Mittelalter und den ausländischen Arbeitern in den nachfolgenden Jahrhunderten – vorwiegend Wallonen, deren Fertigkeiten man in der Eisenindustrie benötigte, und Finnen, die zur Kolonisation unwirtlicher Räume ins Land geholt wurden – änderte sich die ethnische Homogenität der Bevölkerung des Landes nicht. Erst die Einwanderungswellen während der Kriegszeit, als viele Flüchtlinge, von den Nazis verfolgt, aus den skandinavischen Nachbarländern sowie den baltischen Staaten und Deutschland in Schweden Schutz suchten, und die lange Zeit angeworbenen ausländischen Arbeitskräfte in der Nachkriegszeit sowie eine konsequente Flüchtlingspolitik haben das Land rasch in eine vielsprachige Gesellschaft mit einer großen Zahl ethnischer Minoritäten umgewandelt. Zwischen 1940 und 1960 betrug die Nettoeinwanderung nach Schweden 240000 Menschen, eine Größenordnung, die allein in den 60er Jahren noch einmal erreicht wurde. Da kamen vorwiegend südeuropäische Arbeitskräfte aus Jugoslawien, Griechenland und der Türkei, während zwischen 1968 und 1970 in einer rekordartigen Zunahme rund 100 000 Finnen zum großen skandinavischen Bruder wanderten, obwohl die meisten der finnischen Auswanderer zuvor einer bezahlten Beschäftigung nachgegangen waren. Die Mehrzahl der Finnen war ohne hinreichende Information über die Lebens- und Arbeitsbedingungen im Wirtschaftswunderland Schweden durch private Vermittlung, d. h. über Familienangehörige, Freunde und Bekannte, über den Bottnischen Meerbusen gewandert. Viele Wanderer fanden jedoch nicht das ersehnte Glück und kehrten ernüchtert in ihr Land zurück.

Zur großen Herausforderung entwickelte sich seit den 1980er Jahren der starke Zustrom an Flüchtlingen. In den Jahrzehnten zuvor hatte Schweden ständig Menschen aus den Krisengebieten der Welt Schutz vor Krieg und politischer Unterdrückung gewährt. Doch in keinem Jahr schwoll der Flüchtlingsstrom so stark an wie 1992, als rund 85 000 Menschen aus dem früheren Jugoslawien Asyl suchten. Auch in den Jahren danach kamen zahlreiche Flüchtlinge, meist aus Bosnien-Herzegowina und Serbien (Kosovo).

In Schweden, das sich als Einwanderungsland versteht, kennt man das Wort „Gastarbeiter" nicht, sondern nur *invandrare* (Einwanderer). Wer einmal aufgenommen ist, hat das Recht, für immer zu bleiben. Eine erteilte Arbeits- und damit Aufenthaltserlaubnis wird auch in Zeiten wirtschaftlicher Rezession nicht wieder zurückgenommen. Vorbildlich sind die Reformen der Einwanderungspolitik: Bereits seit 1965 gibt es kostenlosen Schwedischunterricht für Einwanderer, seit 1967 erscheint eine spezielle Einwandererzeitung. Gesetzlich geregelt nach einer Reform im Jahre 1973 ist der Anspruch der „invandrare" auf 240 Stunden Schwedischunterricht während der bezahlten Arbeitszeit. Als erstes Land der Welt führte Schweden 1976 für alle Ausländer mit mindestens dreijährigem Aufenthalt im Land das kommunale und regionale Wahlrecht ein, von dem 60% der Nichtschweden Gebrauch machten. Um den Einwanderern die Möglichkeit zu bieten, ihre ethnische Identität zu wahren, ist seit 1977 jede Kommune verpflichtet, den Kindern mehrere Stunden pro Woche Unterricht in ihrer jeweiligen Muttersprache anzubieten.

Sicherlich ist die Stellung der Ausländer in der schwedischen Gesellschaft nach dem Gesetz besser als die von Millionen Gastarbeitern in den Industrieländern Mitteleuropas, doch Angst und Abneigung gegenüber anderen Kulturen sind auch im sozialen Schweden weit verbreitet. Die edlen Grundsätze der Einwanderer- und Minoritätspolitik wie Gleichberechtigung zwischen Ausländern und Einheimischen, kulturelle Wahlfreiheit für Einwanderer sowie Zusammenarbeit und Solidarität sind Ideale, die von der rauhen Wirklichkeit oft weit entfernt sind. Statt dessen leben die Einwanderer häufig in modernen Wohnblock-Ghettos mit hohem Wohnkomfort, aber niedriger Lebensqualität. Eine Linie der Stockholmer U-Bahn, die in einen vorwiegend von Ausländern bewohnten Vorort führt, heißt bezeichnenderweise „Orient-Expreß".

Ohne Zweifel ist das Klima gegenüber Ausländern in der multikulturellen Gesellschaft rauher geworden. Der bekannte Journalist Jan Guillou, der die Ausländerproblematik für die wichtigste politische Frage der Gegenwart hält, gab in seiner in der Zeitung „Aftonbladet" Anfang 1996 erschienenen Reportage an, daß 1995 sieben Morde und 107 andere Gewalttaten mit rassistischem Hintergrund begangen worden seien. Das Hauptproblem ist jedoch nach Guillou nicht die kleine Gruppe gewaltbereiter Skinheads, sondern das Verhältnis zwischen Schweden und Einwanderern. Sozialdemokraten und bürgerliche Politiker hätten in den letzten Jahren Gesetze verabschiedet, die Punkt für Punkt die früheren ausländerfeindlichen Forderungen der populistischen Rechtspartei des Ian Wachtmeister verwirklichten. Die Politik der Regierung laufe mehr darauf hinaus, Einwanderer hinauszuwerfen als ihre Diskriminierung auf dem Arbeitsmarkt zu lösen.

V. Auf dem Weg
in die postindustrielle Gesellschaft?

1. Die wirtschaftliche Entwicklung der letzten Jahre

Entgegen einem bisweilen anzutreffenden Vorurteil vom durch und durch sozialistischen Schweden befinden sich 90% der Unternehmen des Landes in privatem Besitz, während 10% auf genossenschaftliche Organisationen und die unternehmerische Tätigkeit des Staates entfallen. Seit Mitte der 70er Jahre jedoch griff der Staat, dessen Engagement angesichts der Weite des Raumes traditionell vorwiegend auf den Sektor Verkehr und Kommunikation beschränkt war, verstärkt aus regional- und beschäftigungspolitischen Überlegungen in Krisenbranchen ein, um den Strukturwandel vor allem im Schiffbau, der Textil- und der eisenschaffenden Industrie zu erleichtern und sozial abzufedern. Die staatlichen Unternehmen, von denen viele in der Holdinggesellschaft Statsföretag AB zusammengefaßt sind, sind verpflichtet, nach betriebswirtschaftlichen Grundprinzipien zu arbeiten. Das schwedische Wirtschaftssystem basiert also auf den Grundsätzen der Marktwirtschaft, schließt aber staatliche Eingriffe nicht aus. Eine Verstaatlichung der schwedischen Wirtschaft galt in mehr als vier Jahrzehnten sozialdemokratischer Herrschaft nie als vorrangiges politisches Ziel.

Nach dem 2. Weltkrieg konnte Schwedens Industrie mit voller Produktionskapazität den kriegszerstörten Ländern beim Wiederaufbau zur Seite stehen, doch vor allem die 60er Jahre erwiesen sich als goldenes Jahrzehnt mit einer jährlichen Zuwachsrate des Bruttosozialproduktes von rund 5%, Vollbeschäftigung und zunehmendem Freihandel. Es war aber auch ein Jahrzehnt rapiden strukturellen Wandels, der zur Verlagerung von Industriestandorten vor allem in den süd-schwedischen Küstenbereich führte. Eine wahre Völkerwanderung aus allen Landesteilen in die expandierenden Stadtregionen von Stockholm, Göteborg und Malmö sowie massive Zuwanderung aus den Mittelmeerländern und Finnland waren die Begleiterscheinungen des wirtschaftlichen Booms, der die materielle Basis für den rapiden Ausbau des Wohlfahrtsstaates bot. Doch die 70er Jahre erwiesen sich als Jahrzehnt wirtschaftlicher Rückschläge und Herausforderungen, da der Ölpreisschock Schweden nachhaltig traf, zumal es neben Japan zu den vom Erdölimport extrem abhängigen Industrieländern gehörte. Besonders betroffen waren traditionell bedeutende Industriezweige wie die Stahlindustrie und die holzverarbeitende Industrie mit hohem Energieverbrauch. Die jährliche Zunahme des Bruttosozialproduktes in den 70er Jahren fiel mit durchschnittlich 2% niedriger aus als in den meisten westlichen Industrieländern. Die zunehmende internationale Konkurrenz, der die herkömmlichen schwedischen Schlüsselindustrien ausgesetzt waren, sowie übermäßige Lohnerhöhungen schwächten die Position schwedischer Unternehmen auf den Exportmärkten, während im Wohlfahrtsstaat die sozialen Spannungen deutlich zunahmen.

Abwertungen der Krone konnten nur zeitweilig die Wettbewerbsfähigkeit Schwedens verbessern, das Ende der 1980er Jahre von der Hochkonjunktur in die seit Jahrzehnten tiefste Rezession fiel. Anfang der 1990er Jahre ging die Industrieproduktion ebenso dramatisch zurück wie die Zahl der im sekundären Sektor Beschäftigten, ja selbst im Dienstleistungssektor kam es zu Massenentlassungen. Eine noch von der bürgerlichen Regierung eingesetzte Kommission zur Analyse der Wirtschaftskrise nannte als Krisensymptome einen zu geringen Produktivitätszuwachs, Haushaltsdefizite im öffentlichen Sektor und eine immer wieder der Industrie zu hohe Kosten verursachende Inflation, der Abwertungen der Krone folgten.

1995 hatten die größten Industrieunternehmen zwar zum Teil rekordartige Gewinne zu verzeichnen, doch die tatsächliche Arbeitslosigkeit kletterte Mitte 1996 auf 14%. Die Wirtschaftspolitik der sozialdemokratischen Regierung verfolgt primär das Ziel, die rekordhohe Staatsverschuldung abzubauen und den Arbeitsmarkt zu beleben.

2. Multinationale Unternehmen in der Industrie

Im Vergleich zu seinen skandinavischen Nachbarn weist Schweden eine völlig andere Wirtschaftsstruktur auf, da multinationale Unternehmen den industriellen Sektor beherrschen. Nach zahlreichen Fusionen und Aufkäufen in den letzten Jahren konnten sich einige schwedische Unternehmen in der Rangliste der 100 führenden multinationalen Firmen plazieren. Über 40% der Beschäftigten in der Industrie sind bei den 20 größten Unternehmen des Landes beschäftigt. Da schwedische Großunternehmen nicht vom eigenen Binnenmarkt, auch nicht vom skandinavischen, existieren können, zieht es sie seit Jahren vor allem in die großen Industrieländer, um auf den dortigen Märkten präsent zu sein. Hohe Umsätze sind erforderlich, um die kostspielige Entwicklungsarbeit im Hochtechnologiebereich leisten zu können. Anfang der 1990er Jahre arbeiteten in den Auslandsniederlassungen schwedischer Unternehmen rund 600 000 Beschäftigte.

Von den traditionellen Industriezweigen ist die Holzverarbeitung volkswirtschaftlich wichtig, während Eisenerzbergbau, Eisen- und Stahlproduktion, Textilindustrie und Schiffbau von nur geringer Bedeutung sind. Der größte Industriezweig ist die metallverarbeitende Industrie einschließlich der Kraftfahrzeugindustrie mit etwa der Hälfte der gesamten industriellen Wertschöpfung und des Warenexports. Am schnellsten wächst die pharmazeutische Industrie mit den Firmen Pharmacia & Upjohn und Astra. Zu den weltweit größten elektrotechnischen Firmengruppen gehört Asea Brown Boveri (ABB) mit über 200 000 Beschäftigten. Elektrolux ist inzwischen nach vielen Aufkäufen Marktführer bei den Haushaltsgeräten. Zu den führenden Herstellern von Telekommunikationsausrüstung zählt LM Ericsson mit einem Weltmarktanteil bei den in Schweden so geschätzten Mobiltelefonen von 40%.

Die internationale Wettbewerbsfähigkeit der größten Unternehmen liegt wesentlich in den hohen Ausgaben für Forschung und Entwicklung begründet, vor allem bei den Produktgruppen Beförderungstechnik, Pharmazie, Elektrotechnik und Maschinenbau. Es ist eine Besonderheit schwedischer Hersteller, daß ihre Erzeugnisse häufig von Landsleuten erfunden oder maßgeblich entwickelt worden sind. Hierzu gehören Kugellager von SKF, die in Millionen von Autos über die Straßen rollen, der Absorberkühlschrank von Elektrolux, der Milchseparator von Alfa Laval, das Tischtelefon von Ericsson, das Azetylen-Leuchtfeuer von AGA, einem Konzern, der Industriegase herstellt und sich in der Wärmetechnologie engagiert, sowie der Drehstrommotor von ASEA, das neben Kraftwerksausrüstungen neuerdings sehr erfolgreich Industrieroboter produziert. Die bekannten schwedischen Streichhölzer trugen schon vor 100 Jahren die Aufschrift „made in Sweden" und sind ein Begriff wie Schwedenstahl. Wenn auch die Produkte von Volvo und Saab-Scania nicht auf einzelne Erfindungen zurückzuführen sind, die beiden Industriekonzerne können sich aufgrund überlegener Marketing-Strategien und technischer Spitzenleistungen auf dem Weltmarkt behaupten. In Deutschland besonders geschätzt sind die Möbel- und Einrichtungshäuser des Ingvar Kamprad, genannt IKEA. Die internationale Expansion außerhalb Skandinaviens begann 1973 in der Schweiz. Inzwischen ist Deutschland der wichtigste Markt vor Schweden. Einfache, unkonventionelle Lösungen und eine funktionale Formgebung, die tief in der skandinavischen Tradition der Möbelherstellung wurzelt, machen das Erfolgskonzept aus.

3. Der Streit um die Arbeitnehmerfonds

Im Herbst 1983 und ein Jahr später gingen Tausende schwedischer Unternehmer auf die Straße. Auf zahlreichen Transparenten der in der Stockholmer Innenstadt Protestierenden stand die Forderung: *„Avskaffa fonderna"*, schafft die Arbeitnehmerfonds ab. Nach zehn Jahren öffentlicher Diskussion um die wohl strittigste wirtschaftliche Reform der Nachkriegszeit zeigten sich die meisten Schweden unzureichend informiert, nicht zuletzt, weil Sozialdemokraten und Gewerkschaftsbewegung die Öffentlichkeit mit einer Vielzahl von Modellen und Vorschlägen irritiert hatten. Gegen den erbitterten Widerstand der bürgerlichen Parteien und der Wirtschaft beschloß der Reichstag die ungeliebte Reform zum 1. 1. 1984.

Fünf regionale Arbeitnehmerfonds sollten bis 1990 zu wirtschaftlichen Machtfaktoren im Lande werden. Je neun Mitglieder, von der Regierung ernannt, sollten die Interessen der Arbeitnehmer vertreten. Gespeist wurden die Fonds aus zwei Quellen, nämlich einer Gewinnsteuer in Höhe von 20% des Unternehmensgewinnes sowie einer ebenfalls von den Arbeitgebern zu zahlenden sogenannten Lohnabgabe, die 0,2% der Lohnsumme betrug. Das eingezahlte Kapital diente dazu, Aktien schwedischer Unternehmen zu erwerben. Die wirtschafts- und sozialpolitische Bedeutung der kollektiven Arbeitnehmerfonds lag darin, daß sie Wirtschaft und Beschäftigung stärken sollten, indem sie Risikokapital für Neuinvestitionen zur Verfügung stellten, so daß eine gezielte Strukturpolitik ermöglicht würde. Außerdem sollte das Kapital der Gemeinschaftstöpfe zur Finanzierung der Renten beitragen.

Wie kaum eine andere Frage rief der Streit um die Arbeitnehmerfonds Befürworter und vor allem Gegner auf den Plan. Der Arbeitgeberverband (SAF) sprach seinerzeit von einer „Enteignung auf kaltem Wege", die bürgerlichen Parteien sahen in dem Fonds-System einen gefährlichen Schritt in Richtung Sozialismus, eine osteuropäische Zwangswirtschaft mit dem mächtigen Gewerkschaftsbund als Arbeitgeber, zumal der einzelne Arbeiter nicht an den einkassierten Gewinnanteilen beteiligt wurde.

1992 schaffte die bürgerliche Regierung die fünf Arbeitnehmerfonds kurzerhand ab. Bevor die Sozialdemokraten 1994 wieder an die Macht kamen, war das auf mehrere Milliarden Kronen angewachsene Kapital auf Risikokapitalgesellschaften und zahlreiche Stiftungen aufgeteilt. So wird zum Beispiel gegenwärtig aus einer der Stiftungen ein Pilotprojekt zur Anwendung der Informationstechnik in den Schulen des Landes finanziert, aus einer anderen Stiftung stammen Gelder zur Förderung der Allergieforschung oder zur Entwicklung neuer Produkte. Kein Wunder, daß Schwedens Sozialdemokraten auf die Milliarden in den Töpfen der Stiftungen Einfluß nehmen wollen. Sie sehen in einer verstärkten staatlichen Kontrolle keine Symbolfrage, sondern führen demokratische und ökonomische Gründe an, schließlich könnten die Mittel zur dringenden Sanierung des Haushalts verwendet werden. Der Machtkampf um die Fond-Gelder ist entbrannt. Mehr Regierungsvertreter in den Stiftungen sind zu erwarten, zumal die Linkspartei die Regierung in dieser Frage unterstützt.

4. Die Rolle der Landwirtschaft im spätindustriellen Staat

Die rasante Entwicklung Schwedens in der zweiten Hälfte des vorigen Jahrhunderts vom Armenhaus zum Wohlfahrtsstaat hat auch das Gesicht der schwedischen Landwirtschaft völlig verändert. Um 1880 beschäftigte der Agrarsektor als wichtigster Erwerbszweig rund 75% der Bevölkerung, 1950 waren es noch 20%. Heute liegt der Beschäftigungsanteil dieses Sektors bei nicht einmal 4%, während der Anteil am Bruttoinlandsprodukt keine 2% beträgt. Obwohl diese Zahlen einen markanten Bedeutungsrückgang der Landwirtschaft signalisieren, sind die meisten Schweden nach wie vor eng mit der bäuerlichen Kultur und Tradition verwurzelt. Der Wandel zur Industrie- und Dienstleistungsgesellschaft hat viele Menschen in die Städte gezwungen.

Die geographischen Voraussetzungen für die landwirtschaftliche Nutzung, die nur auf 7% der Fläche des Landes möglich ist, schwanken regional erheblich. Fruchtbare Moränenböden als Erbe der Eiszeit haben das südliche Schonen (Skåne) auf der Grundlage eines milden Klimas und nur geringer Höhenunterschiede zu einer Agrarprovinz werden lassen, die an die ertragreichsten dänischen Inseln erinnert. Schon im

19. Jahrhundert erfolgten umfangreiche Flurbereinigungen in der Kornkammer des Landes. Neben hohen Hektarerträgen für Weizen dominieren Industriepflanzen wie Zuckerrüben, Ölpflanzen und Konservenerbsen. Landwirtschaftliche Forschung in Svalöv seit fast einem Jahrhundert machte es möglich, die Anbaugebiete für Kulturpflanzen immer weiter nordwärts zu verlagern.

Tonige und feinsandige Meeresablagerungen nach dem Ende der Eiszeit, als Teile Nordeuropas unterschiedlich vom Meer bedeckt waren, prägen die wichtigsten Anbaugebiete des Landes. So wird in den Ebenen Mittelschwedens Brot- und Futtergetreide erzeugt, während mit zunehmend rauheren klimatischen Bedingungen im hohen Norden die Flächen für Futterpflanzen überwiegen. Den Gesetzen moderner Industrie- und Dienstleistungsgesellschaften kann sich auch die schwedische Landwirtschaft nicht entziehen. Die landwirtschaftlichen Betriebe nehmen zahlenmäßig weiter ab, wenn auch in den letzten Jahren verlangsamt. Die Durchschnittsgröße liegt gegenwärtig bei knapp unter 30 ha. Übermechanisierung und Spezialisierung haben zu beachtlichen Produktivitätssteigerungen geführt. Die ausgeprägten Familienbetriebe, noch rund 90 000 an der Zahl, erwirtschaften etwa 80% ihres Einkommens aus der Viehzucht; einen wichtigen Nebenerwerb liefert vielen die Forstwirtschaft, zumal 60% des schwedischen Waldes den Bauern gehören.

Ein fester Bestandteil des Agrarsektors sind die Produzentengenossenschaften, die die Landwirtschaft mit Krediten und Maschinen versorgen; vor allem vermarkten sie drei Viertel der landwirtschaftlichen Erzeugnisse, bei Molkereiprodukten sind es sogar hundert Prozent. Auch in Schweden kommt man nicht ohne Subventionen aus. Seit Anfang der 70er Jahre stützte die Regierung die Verbraucherpreise für Grundnahrungsmittel.

Eine grundlegende Kehrtwende in der Agrarpolitik beschloß der Reichstag 1990, als er entschied, den landwirtschaftlichen Sektor dem freien Spiel der Marktkräfte auszusetzen. Übermechanisierung und Spezialisierung hatten auch in Schweden zu ständigen Überschüssen auf Seiten der Produzenten und mangels Wettbewerb zu viel zu hohen Verbraucherpreisen geführt. Die Einführung der Reform, die zeitgleich mit dem Beitrittsgesuch Schwedens in die EG erfolgte, sollte die Landwirtschaft in ihrer Wettbewerbsfähigkeit stärken und auf die mögliche Mitgliedschaft in der europäischen Gemeinschaft vorbereiten.

Als der Beitritt Schwedens zur EU 1995 erfolgte, fielen die Veränderungen für die Landwirtschaft nicht dramatisch aus. Den Landwirten wurde zugestanden, in etwa die Mengen an Getreide, Milch, Zucker und Fleisch wie vor dem Beitritt produzieren zu können. Für das dünnbesiedelte und naturräumlich benachteiligte Norrland handelte Schweden mit der EU einen jährlichen Zuschuß von einer Milliarde Kronen aus. Die vor 1990 vom schwedischen Staat geschützte Landwirtschaft hängt jetzt nach wenigen Jahren größeren Wettbewerbs am Subventionstropf der EU.

5. Der notwendige Export

Als hochindustrialisiertes, aber einwohnermäßig kleines Land ist Schweden hochgradig in die arbeitsteilige Weltwirtschaft integriert und abhängig vom Güter- und Dienstleistungsaustausch mit anderen Ländern. Im 20. Jahrhundert wies der schwedische Export ständig höhere Zuwachsraten als das Bruttosozialprodukt auf und bildete das Fundament für Wachstum und Wohlstand. Jahrhundertelang bestimmten Rohstoffe und Halbfabrikate die Ausfuhr, bis das Land auf der Basis der Rohstoffressourcen, vor allem Holz und Erz, zur Industrienation aufstieg und zunehmend Fertigwaren, von denen viele auf schwedische Erfindungen zurückgingen, in den Export gelangten. Heute hat sich Schweden auf Produkte der metallverarbeitenden Industrie spezialisiert, die etwa 50% des schwedischen Exports ausmachen. Holzwirtschaftliche Produkte einschließlich Papier haben einen Anteil von knapp 20% des Wertes der Gesamtausfuhren. Fast bedeutungslos ist inzwischen der Verkauf von Eisenerz, nachdem Schweden Mitte der 60er Jahre weltweit führend war als Exporteur, bevor Konkurrenten wie Australien und Brasilien es vom Markt drängten.

In der Gegenwart, in der mehr als 40% der schwedischen Industrieproduktion ins Ausland gehen, dominieren technische Spitzenerzeugnisse wie Automobile, Lastwagen, Maschinen, Elektroartikel und Telephone die Ausfuhr. Im Bereich der Kernenergie, Industrieroboter, Computertechnik, Kampfflugzeuge, Waffensysteme, Arzneimittel sowie der Energieeinsparung und des Umweltschutzes verfügen die Schweden über technische und wissenschaftliche Kompetenz. Neben einzelnen Produkten verkauft die schwedische Industrie auch Anlagen, Produktionssysteme und Dienstleistungen, so daß beispielsweise in den ehemaligen Staatshandels- und Entwicklungsländern Krankenhäuser, Hotelbauten, Hafenanlagen oder ganze Wohnviertel errichtet wurden.

Führende schwedische Multis und Exportunternehmen wie SKF (Kugellager und andere Edelstahlprodukte), Sandvik (Hartmetallschneidewerkzeuge) und Atlas Copco (Kompressoren, hydraulische Maschinen) weisen einen 90-Prozent-Anteil des Verkaufs außerhalb Schwedens in ihren Bilanzen auf. Jeder Fünfte der schwedischen Industriebeschäftigten ist für eine der zahlreichen Tochtergesellschaften im Ausland tätig, die weitgehend in Westeuropa und Nordamerika angesiedelt sind. Wer so intensiv in den Welthandel eingebunden ist, hat zwangsläufig ein besonderes Interesse an der Förderung des Freihandels.

Mit dem EU-Beitritt Schwedens mußte sich das Land jedoch in einigen Teilbereichen an die restriktiveren Bestimmungen der EU anpassen. So wurden z.B. die Zölle für elektronische Güter erhöht und Importquoten für Textilien eingeführt. Schwedens Außenhandel konzentriert sich auf westeuropäische Märkte. Die Mitgliedsländer der EU kommen für fast zwei Drittel der Exporte und Importe des Landes auf. Vor dem Beitritt zur Europäischen Union verkaufte Schweden ein Fünftel seines Exports in die Länder der Europäischen Freihandelsassoziation (EFTA), von denen Norwegen weiterhin wichtigster Handelspartner sein wird. Noch immer gering ist der Handel mit den Ländern Ost- und Ostmitteleuropas mit rund 3% des gesamten Außenhandels. Bedeutendster Handelspartner für Schweden ist die Bundesrepublik, die gegenwärtig mit etwa einem Fünftel des schwedischen Gesamtimports mehr Waren und Dienstleistungen nach Schweden liefert, als sie von dort bezieht. In den letzten zehn Jahren hat die deutsche Industrie ihre Position in Schweden ausgebaut, die Anzahl deutscher Tochterunternehmen stieg von 200 auf 300. Der günstige Kurs der Krone, effektive Rationalisierungen, mäßige Lohnkostensteigerungen und das Angebot an qualifizierten Arbeitskräften sind die wesentlichen Gründe für das zunehmende Interesse der deutschen Industrie.

VI. Die Last des Raumes und der Entfernungen

1. Gunst und Ungunst des Naturraumes

Schweden liegt auf der Ostabdachung der Halbinsel Skandinavien. Bei einem Blick auf die Karte fällt seine langgestreckte Form über fast 14 Breitengrade auf. Die Höhenunterschiede innerhalb der schwedischen Landschaft sind gering, sieht man vom Nordwesten ab, in dem die Gipfel des Gebirges knapp über 2000 m Höhe erreichen. Hier handelt es sich um einen Teil der sogenannten kaledonischen Faltung, der aber erst viel später seine jetzige Gestalt – vor „nur" 60 Millionen Jahren, als die Alpen entstanden – erhalten hat. Die überwiegende Fläche Schwedens ist geologisch betrachtet uralt. Granite und Gneise sind die ältesten Gesteinsarten mit einem Alter bis zu 2700 Millionen Jahren.

Die Abtragung in der Folgezeit ebnete das Grundgebirge stark ein. In verschiedenen Landesteilen bildeten die Verwitterungsprodukte gewaltige Sedimentlager mit einer Mächtigkeit von mehr als 1000 m, wie sie sich zum Beispiel im Dala- und Gävle-Sandstein finden. In der Kambrosilurzeit, also noch im Erdaltertum, brach das Meer über weite Teile des Grundgebirges ein. Sedimentlager setzten sich auf dem Meeresboden ab. Die Ostseeinseln Öland und Gotland sind nur die emporragenden Teile jener Ablagerungen, die den Boden des Nebenmeeres der Nordsee bedecken.

Abb. 3: Der Umfang der Holzflößerei entwickelte sich in den vergangenen Jahren rückläufig. Beim schnellen Landtransport geht weniger Holz verloren, Flößrinnen zur Umgehung von Kraftwerken entfallen. Ferner ist die Holzflößerei arbeitsintensiv und gefährlich. Die Aufnahme zeigt den Transport von Baumstämmen auf dem Siljansee bei Leksand in der Landschaft Dalarna.

Für die heutige Oberflächengestalt Schwedens und der anderen skandinavischen Länder ist die letzte der Eiszeiten, von denen es mindestens fünf gegeben hat, von besonderer Bedeutung, ein Abschnitt von ein paar zehntausend Jahren, ein Nichts in den Dimensionen der Geologen. 2–3 km mächtige Eismassen überdeckten Nordeuropa. Unter der Last des Eises sank die Erdkruste ab. Druck und Bewegung des Eises modellierten die Landschaft und rundeten die Formen zu sanften Hochflächen bis hin zu Schären und Rundhöckern ab, überschliffenen Felsinseln und Felsen. Vorgegebene Senken wurden zu Seen und Tälern ausgetieft. Als das Eis wieder abschmolz, hinterließ es eine „durchwachsene" Moränendecke aus Kies, Steinbrocken, Sand und fruchtbarem Ton. Eisströme schufen die sogenannten Oser (schwed.: ås), die eine wichtige Leitlinie in der Besiedlung des Landes darstellen, denn Oser sind eisenbahndammähnliche Aufschüttungen aus Schottern und Sanden, die Flüsse unter dem mächtigen Eis aufgebaut haben. Deutlich heben sich die 40–60 m hohen Kiesrücken, die einige hundert Kilometer lang sein können, von ihrer Umgebung ab. Im sumpfig-feuchten Tiefland boten sie menschlichen Siedlungen und Verkehrswegen ein natürliches Fundament. Die Kiesrücken sind häufig ideale Filter, so daß die Oser Grundwasserströme bilden, die für die Wasserversorgung auch größerer Städte wichtig sind. Im Umkreis von Großbaustellen oder Städten fallen leider immer mehr Oser den Sand- und Kiesbaggern zum Opfer.

Als das Eis abschmolz und der Druck nachließ, stieg das Land wieder empor. Noch ist das Gleichgewicht nicht wieder hergestellt, da die Landhebung im nördlichen Bereich des Bottnischen Meerbusens immer noch etwa einen Meter im Jahrhundert beträgt und wiederholt Hafenstädte ihre Anlagen küstenwärts verlegen mußten, wenn sie ihre Hafenfunktion beibehalten wollten. Im Norden Skandinaviens erreicht die Hebung nach der letzten Vereisung maximal 300 m.

Der besondere Reiz der weiträumigen schwedischen Natur liegt wohl in der Vielfalt und Kombination verschiedener Landschaftselemente. Im südlichen Schonen setzt sich die

Tiefebene Norddeutschlands und Dänemarks mit besonders fruchtbaren Böden fort, durchzogen von alten Höhenzügen aus Gneis, die auch das Eis nicht wegräumen konnte. Sand- und vor allem Silurkalkstein prägen die Eigenart der Inseln Öland und Gotland, während Småland, das sich an Schonen anschließt, ein karges, kleingekammertes, wald- und seenreiches Hochland mit nur wenig sedimentgefüllten Ebenen bildet. In der mittelschwedischen Senke dominieren die großen Seen zwischen Göteborg und Stockholm, dessen Küste von einer einzigartigen Schärenlandschaft gesäumt wird, die sich bis nach Finnland erstreckt. West- und Ostküste verfügen mit ihren Schärengürteln über natürliche Freizeiträume besonderer Attraktivität. Karge Waldflächen wechseln sich ab mit fruchtbaren Ebenen um Uppland, in Närke sowie Väster- und Östergötland. Nach Norden schließt sich ein Gebiet von der Größe der Bundesrepublik an, Norrland, ein Kanada en miniature, eine Hügel- und Berglandschaft mit endlosen Wäldern und tosenden Flüssen, die alle, aus dem Hochgebirge nahe Norwegen kommend, in südöstlicher Richtung zur Küstenebene fließen, Ströme mit unausgeglichenem Gefälle, voller Stromschnellen und Seen. Heute bilden die Flüsse die Basis der schwedischen Energieversorgung, während ihre Bedeutung für den Holztransport an die Küste immer geringer wird. Staumauern der Wasserkraftwerke behindern die Flößerei. Der Transport auf dem LKW spart Personal und verhindert, daß Holz auf dem langen Weg verloren geht oder beschädigt wird. Entlegene Lagerstätten von Eisenerz, Kupfer, Blei, Zink oder – in winzigen Mengen – Gold haben die Menschen trotz klirrender Kälte und bedrückender Dunkelheit im Winter oder stechender Mücken im Sommer angezogen. Das Markenzeichen schwedischer Natur dürften aber wohl die vielen zehntausend Seen sein, die durch die ausschürfende Kraft und die Ablagerungen des Inlandeises entstanden sind.

Schwedens Klima, das gilt vor allem für den Sommer, ist erheblich besser als sein Ruf. Angesichts der nördlichen Lage hat das Land ein relativ mildes Klima, da es wesentlich von der warmen Nordatlantik-Strömung beeinflußt wird, die wiederum nur eine Folge der Luftmassenbewegungen aus vorherrschend westlicher und südwestlicher Richtung ist.

Atlantische Tiefs bringen oft Wärme und Niederschlag, so daß das Wetter abwechslungsreich von Regen, Sonne und Wind gestaltet wird. Östliche Hochs bescheren dem Land stabiles, trocken-sonniges Wetter mit angenehmer Wärme im Sommer und knackigen Kälteperioden im Winter. Daß das Wetterrisiko in den nördlichen Breiten größer ist als an den Küsten des Mittelmeeres, kalkuliert jeder Skandinavienreisende ein. Doch 30°C in warmen Juli-Monaten sind am Polarkreis keine Seltenheit. Der Wetterunterschied zwischen den südlichen und nördlichen Landesteilen fällt im Sommer recht gering aus. Die Temperaturunterschiede zwischen Sommer und Winter schwanken zwischen 17°C im Süden Schwedens und 27°C

Temperatur und Niederschläge (Durchschnittswerte pro Monat)

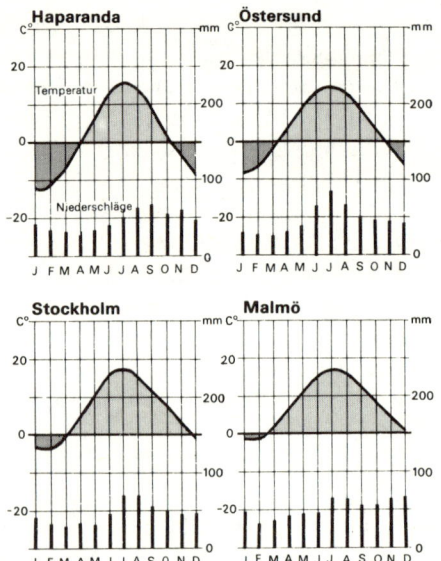

Quelle: Tatsachen über Schweden, Schwedisches Institut, Stockholm 1986, S. 2

im entlegenen Norden, in Sibirien und Kanada für Gebiete auf der gleichen geographischen Breite dagegen zwischen 40°–60°C. Lange, kalte Winter mit Temperaturen von –25° und –30°C zwingen die Menschen zu physischen und psychischen Anpassungsleistungen an ihren Lebensraum. Die Kehrseite der Mitternachtssonne (in Kiruna vom 26. 5.–17. 7., in Haparanda vom 13. 6.–30. 6.) sind nun einmal lange Winternächte. In Kiruna sinkt die Sonne für einen Monat unter den Horizont.

Die Niederschläge erreichen im Fjellbereich, also in Gebirgsregionen oberhalb der Baumgrenze, sowie an der Westküste mit 1000 bzw. 700 mm ihre höchsten Werte und nehmen ostwärts weiter ab, wo schließlich auf Öland und Gotland eine relativ hohe Verdunstung und das anstehende wasserdurchlässige Kalkgestein längere Trockenperioden begünstigen. Im gesamten Land reichen die Niederschläge jedoch aus, um Landwirtschaft betreiben zu können.

Von Nachteil für die Schiffahrt ist die Eisbildung in der Ostsee, vor allem im Bottnischen Meerbusen. Wegen des geringen Salzgehaltes sind die nördlichsten Häfen monatelang vereist. Im März 1987 war selbst der Öresund zwischen Malmö und Kopenhagen ein einziger Eispfropfen, die Eisdecke um Umeå erreichte eine Mächtigkeit zwischen 60 und 85 cm.

2. Die Entwicklung und räumliche Verteilung der Bevölkerung

Volkszählungen haben den Schweden nie nennenswerte Probleme bereitet. Wie kaum ein anderes Land in der Welt befinden sich die Skandinavier – statistisch betrachtet – in der glücklichen Lage, schon seit 1749 auf der Ebene der Kirchspiele die erste Volkszählung durchgeführt zu haben. Zuvor war bereits im Kirchengesetz aus dem Jahre 1686 die Priesterschaft verpflichtet worden, ein ausführliches Register über alle Gemeindemitglieder zu führen. Eine Zählung wurde zunächst alle drei Jahre, nach 1775 jedes fünfte Jahr und seit 1860 alle zehn Jahre durchgeführt. Auch heute noch sind die Meldeämter an die Pfarrgemeinden gekoppelt. Volkszählungen erfolgen alle fünf Jahre, in denen die wirtschaftlichen und sozialen Verhältnisse der Schweden erfaßt werden.

Die neuere schwedische Bevölkerungsentwicklung kennzeichnen vier Hauptmerkmale:

1. ein recht kontinuierliches, aber relativ langsames Wachstum der Bevölkerung;

2. markante Verschiebungen in der Altersstruktur, die die Versorgungslast der Gesellschaft erhöhen. Der Anteil der Menschen über 64 Jahre hat sich in den vergangenen vier Jahrzehnten verdoppelt; für Männer liegt die mittlere Lebenserwartung gegenwärtig bei 75,5, für Frauen bei 80,8 Jahren;

3. eine umfassende regionale und soziale Mobilität, die zur Konzentration der Menschen in wenigen Intensivräumen führte;

4. seit 1930 ein ständiger Einwanderungsüberschuß (Ausnahme 1972/73), der vor allem zwischen 1960 und 1970 in erster Linie finnische Arbeitskräfte nebst Angehörigen nach Schweden brachte, während die Zuwanderung danach bis zur Gegenwart vorwiegend politische Flüchtlinge und deren Familien ins Land führte.

Nicht einmal eine Million Bewohner lebten in dem flächenmäßig weitaus größeren Schweden zur Zeit Gustavs II. Adolf, als es in der ersten Hälfte des 17. Jahrhunderts zur Großmacht aufstieg. Aufgrund von Angaben zur Besteuerung der Einwohner, die sich in den einzelnen Kirchenbüchern der Gemeinden fanden, konnte man auf diese Zahl weit vor der ersten Volkszählung schließen. Relativ schnell nahm die Bevölkerung im 19. Jahrhundert zu, vor allem in der ersten Hälfte, während es 1863–1897 immerhin 34 Jahre dauerte, bis die Einwohnerzahl von 4 auf 5 Millionen anwuchs. Anfang 1996 lebten 8,7 Millionen Menschen in dem Land, dessen gesamte Fläche mit rund 450 000 km² deutlich größer als die des vereinigten Deutschland ist.

In den Jahren aufkommenden Wohlstands nahm die Bevölkerung durchschnittlich langsamer zu als in den übrigen westeuropäischen Ländern. Allerdings lag die Zahl der Neugeborenen infolge familien- und kinderfreundlicher Gesetze Anfang der 1990er Jahre deutlich höher als in der 1970er Jahren. Das prozentual dennoch geringe Wachstum von 0,6% (1991–2000) wird in Zukunft wohl abnehmen, denn die natürliche Zunahme, der Geburtenüberschuß, geht infolge einer wachsenden Anzahl älterer Personen zurück. Aussterben werden die Schweden jedoch so schnell nicht, denn die positive Wanderungsbilanz hat ei-nen immer stärkeren Anteil an der gesamten Bevölkerungszunahme.

Die Ursachen für den deutlichen Rückgang der Geburten in den zwei Jahrzehnten vor 1990 dürften im Gebrauch antikonzeptioneller Methoden und Mittel, in der geringen Zahl der Eheschließungen (Partner, die ein Zusammenleben in eheähnlicher Form vorziehen und verheirateten Paaren rechtlich gleichgestellt sind, zeigen weniger häufig einen Wunsch nach Kindern) sowie der rapide angestiegenen Erwerbstätigkeit der Frauen liegen. Auch die Liberalisierung des Gesetzes über den Schwangerschaftsabbruch wirkt sich inzwischen nachhaltig auf die neuere Entwicklung aus, denn in den letzten zwanzig Jahren lag die Zahl der Abtreibungen bei jährlich über 35 000. Das Gesetz schreibt vor, daß eine Frau bis zum Ende der 18. Woche das Recht hat, einen Abbruch der Schwangerschaft zu verlangen. Da der Erwerbstätigkeit der Frau in Schweden, wie in anderen hochindustrialisierten Ländern auch, der größte Einfluß auf die Kinderzahl und somit den Geburtenrückgang zugemessen wird, versucht man diesem Trend durch den verstärkten Ausbau von Tagesheimen, 15 Monate bezahlten Elternurlaub nach der Geburt eines Kindes, mehr Teilzeitarbeit oder einen 6-Stunden-Arbeitstag entgegenzuwirken, um Frauen nicht länger vor die Alternative Kind oder Beruf zu stellen. Vieles deutet jedoch darauf hin, daß die hohe Steuerlast vielen Frauen keine Wahlfreiheit läßt (vgl. S. 51).

Schweden ist ein ausgesprochen spärlich besiedeltes Land mit einer Bevölkerungsdichte von 21 Bewohnern/km². Für die Nachbarn Norwegen und Finnland liegen die Vergleichszahlen ähnlich niedrig, während das flächenmäßig bedeutend kleinere Dänemark immerhin auf rund 120 Einwohner/km² kommt.

Die durchschnittliche Einwohnerzahl, bezogen auf eine Flächeneinheit, sagt noch nichts aus über die tatsächliche Verteilung der Bevölkerung im Raum, die sich in Schweden vor allem auf die südlichen Landesteile konzentriert. Legt man die historische Einteilung in die drei Landesteile zugrunde, so wohnen in Götaland und Svealand, den beiden südlichsten Regionen, die etwas mehr als ein Drittel der Landesfläche ausmachen, gut 85% der Bevölkerung. Deutlich heben sich die größten Städte Stockholm, Göteborg und Malmö einschließlich ihres Stadtumlands mit etwa 35% der Bewohner des Landes von den übrigen Landesteilen ab. Ein weiteres, für skandinavische Verhältnisse dicht besiedeltes Gebiet erstreckt sich vom Mälarsee aus in südwestlicher Richtung mit immerhin 38 Einwohnern/km², während der weite Raum Norrlands nur äußerst dünn besiedelt ist und größere Bevölkerungskonzentrationen überwiegend im Küstenbereich zu finden sind.

Betrachtet man die Bevölkerungsveränderungen in den einzelnen Provinzen Schwedens zwischen 1980 und 1995, so zeigt sich in den Großstadtregionen um Stockholm, Göteborg und Malmö, aber auch in Uppsala und Halland an der Westküste, eine weit über dem Landesdurchschnitt von 6% liegende Zunahme der Bevölkerung. Von den nördlichen Provinzen fällt mit einer 8%-Zunahme nur Västerbotten mit dem Kristallisationspunkt Umeå aus dem Rahmen, während die etwas südlicher liegende Provinz Västernorrland in den letzten 15 Jahren 4% seiner Bevölkerung verloren hat. Vor allem junge Frauen sahen keine Perspektive und wanderten ab.

Die Resultate der Volkszählung von 1980 ließen erkennen, daß die ländliche Bevölkerung erstmals seit einem Jahrhundert nicht mehr zurückging; die Urbanisierung schien ihren Höhepunkt hinter sich zu haben. Die Bevölkerungsentwicklung der letzten 15 Jahre, vor allem der Überschuß an Einwanderern, führte zu einem überdurchschnittlichen Anstieg in den Provinzen mit den größten Städten. Doch an dem grundlegenden Siedlungsmuster wird sich in absehbarer Zeit nicht viel ändern. Die Kombination von ausgedehnter Fläche und spärlicher Besiedlung bleibt die Ursache einer Vielzahl raumordnerischer

Probleme, mit denen sich das Land und seine Bewohner auch zukünftig intensiv auseinandersetzen müssen.

3. Streusiedlungen

Weit verstreut liegen einzelne bäuerliche Anwesen in den Waldgebieten und auf den fruchtbaren Tonebenen in den Weiten Nordschwedens. Bauerndörfer gibt es nicht, zumal Flurbereinigungen und Dorfauflösungen in der Vergangenheit die Höfe über die Gemarkung verteilten. Die volkswirtschaftlichen Gesetze der Rentabilität und Strukturrationalisierung gelten auch in der Peripherie, so daß Land- und Forstwirtschaft seit den 50er Jahren immer mehr Arbeitskräfte freisetzten, von denen viele abgewandert sind. In zahlreichen Gebieten ging die Zahl der Höfe in zwei Jahrzehnten um 40% und mehr zurück. Die Betriebsgrößen sind klein, die klimatischen Bedingungen hart; oft ist die Viehwirtschaft lohnender als die Feldbestellung.

Das *glesbygdsproblem*, die Existenzfrage der Streusiedlungen, ist vor allem eine Folge der dünnen Besiedlung, denn übergroße Abstände zu Arbeitsplätzen, soweit vorhanden, Dienstleistungen und soziale Kontaktmöglichkeiten sind ein Kennzeichen der vorrangigsten aller regionalpolitischen Herausforderungen. Wer kann sich als Durchschnittsbürger der Bundesrepublik schon vorstellen, was es für Kinder und Jugendliche heißt, jeden Tag 80 oder mehr km mit dem Taxi zur Schule zu fahren, 150 km zurückzulegen, um ein Punktspiel in der Fußballkreisklasse zu bestreiten, oder 120 km pro Weg zu bewältigen, um am Wochenende eine Tanzgelegenheit wahrnehmen zu können? Wer zum Zahnarzt muß, braucht dafür einen Tag, und in dringendsten Notfällen muß ein Hubschrauber oder Kleinflugzeug eingesetzt werden, um einen Bewohner ins Krankenhaus zu transportieren. Neben der Abwanderung vor allem jüngerer Menschen südwärts oder an die Küste, der überdurchschnittlich hohen Arbeitslosigkeit und Unterbeschäftigung führt die Verschiebung in der Altersstruktur der

Bevölkerung in manchen Gemeinden dazu, daß sie eher Altersheimen gleichen, wenn mehr als ein Drittel der Bewohner 65 Jahre und älter ist. Zusätzlich zu der aus dem ungünstigen Altersaufbau resultierenden Versorgungslast sinken die Steuereinnahmen der Gemeinden und verschärfen die ökonomischen Schwierigkeiten der einzelnen Kommunen. Ebenso wie die Altersstruktur bleibt auch die regional sehr unterschiedliche Verteilung der Geschlechter nicht ohne Einfluß auf die Geburtenrate. So weisen gerade die dünnbesiedelten Gebiete einen Mangel an Frauen auf, während Stockholm, Malmö und Göteborg einen eindeutigen Überschuß verzeichnen, da die Mobilität der Mädchen und jungen Frauen in den ländlichen Räumen ausgeprägter ist als bei den Männern, die häufig infolge traditioneller Bindungen an Land- und Forstwirtschaft ein größeres Beharrungsvermögen zeigen.

Daß die Problematik der spärlich besiedelten Gebiete nicht ausschließlich ein Kennzeichen Nordschwedens ist, zeigt sich bisweilen am Beispiel einzelner Gemeinden in Süd- und Mittelschweden, die im Zuge der Verstädterung vergleichbare Schwierigkeiten zu bewältigen haben. Der Staat muß helfen und er hilft solidarisch, zahlt immense Subventionen, die nicht strittig sind. Aufgelassene Häuser und Gehöfte sind in weiten Landesteilen ein Charakteristikum der schwedischen Kulturlandschaft geworden; nicht wenige Gebäude werden von den Städtern zu Freizeitzwecken umfunktioniert.

4. Möglichkeiten und Grenzen der Regionalpolitik

Je weiter man nach Norden kommt, um so häufiger geben die Schweden Entfernungen in „mil" (1 mil = 10 km) an – ein Maß, das ebenso massive regionale Probleme andeutet wie der Begriff tätort, der ein städtisches Gebiet kennzeichnet. In der schwedischen Statistik versteht man darunter jede Siedlung mit mehr als 200 Einwohnern und weniger als 200 m Abstand zwischen den einzelnen Häusern. Knapp 80% der rund 1800 tätorter weisen weniger als 2000 Einwohner auf, aber nur 10%

der Gesamtbevölkerung des Landes leben in diesen aus skandinavischer Sicht definierten städtischen Gebieten. Die ungleichmäßige Verteilung der Menschen im Raum sowie eine geringe Bevölkerungsdichte bewirken, daß die lokalen Arbeitsmärkte häufig sehr unbedeutend sind. Oft ist eine kleine Gemeinde von einem einzigen Unternehmen abhängig, ein Pendeln zur Arbeit scheidet meist wegen der zu großen Entfernungen aus.

Von 1850 bis 1900, als die Nutzung von Holz, Erz und Wasserkraft Menschen in die fünf nördlichsten Provinzen (Norrland) lockte, nahm die Bevölkerung in den unwegsamen Räumen um 116% zu gegenüber 39% im übrigen Schweden. Der rasante Strukturwandel nach dem Zweiten Weltkrieg, der immer mehr Beschäftigte in der Land- und Forstwirtschaft freisetzte, traf vor allem die dünnbesiedelten Gebiete, in denen der industrielle Sektor nur wenig entwickelt war. So wanderten allein in den 60er Jahren Zehntausende in die Wachstumsindustrien der wenigen großen Stadtregionen Mittel- und Südschwedens. Angesichts des zunehmenden regionalen Ungleichgewichts griff die Regierung mit einer sektorübergreifenden Regionalpolitik ein. Die entwicklungsschwachen, da land- und forstwirtschaftlich geprägten Gebiete erhielten einen kommunalen Einkommensteuerausgleich, damit einzelne Gemeinden trotz hoher Besteuerung ihre vom Staat auferlegten Dienstleistungen aufrechterhalten konnten. Glanzstück der regionalpolitischen Förderung sollte die Industrieansiedlung sein; die Industrialisierung unterindustrialisierter Räume galt als Credo der Regionalpolitik.

Die finanziellen Anreizmittel flossen bis in die 70er Jahre ausschließlich in die Industrie. Bis in die 60er Jahre besonders geförderte Berufsumschulungen und Mobilitätsbeihilfen unterliefen sogar die regionalpolitischen Ziele und beschleunigten die Abwanderungen südwärts. Zwar haben die Milliardenbeträge, die Unternehmen als Beihilfen bekommen haben, seit 1966 die Zahl der Beschäftigten um einige zehntausend erhöhen können, doch ist die Diskrepanz zwischen dem Norden und dem Süden nicht entscheidend verringert worden. Wenn auch die Nordprovinzen in den 70er Jahren hinsichtlich der Einwohnerzahlen eine gewisse Stabilisierung verzeichnen konnten und in den sieben nördlichsten Provinzen der Anteil der Industriebeschäftigten von 17 (1970) auf 21% (1980) anstieg, so blieb doch die Beschäftigungslage mehr als kritisch. Die nördlichen und inneren Landesteile Nordschwedens haben eine offene Arbeitslosigkeit, die häufig doppelt so hoch oder gar höher liegt als im Landesdurchschnitt.

In der zweiten Hälfte der 70er Jahre traf der weltweite Strukturwandel die einstigen Stützen schwedischer Industrie wie Erzgewinnung, Stahl, Schiffbau, die Textilindustrie, so daß selbst in südlicher gelegenen Industriezentren bis hinunter nach Malmö Gelder aus Stockholm flossen, um die Beschäftigung aufrechtzuerhalten.

Kritiker der schwedischen Regionalpolitik vertreten die Auffassung, es sei falsch gewesen, die Fördermittel einseitig auf eine stagnierende Industrie zu richten, zumal der Anteil der Industriebeschäftigten in den 70er Jahren landesweit von rund 41 auf knapp 34% rapide zurückgegangen ist. Statt die Geldmittel mehr nach dem Gießkannenprinzip zu verteilen, wäre eine Konzentration auf wenige Zentren sinnvoller gewesen. Nicht so negativ beurteilt wird die Aussiedlungsaktion staatlicher Behörden und Ämter aus der Hauptstadt in eine Reihe mittelgroßer Städte, die damit, wenn auch minimal, an der Hauptstadtfunktion Anteil haben (s. S. 91). Als regionalpolitisch durchaus erfolgreich ist die Einrichtung von Universitäten, deren Filialen und Hochschulen in entlegeneren Landesteilen einzuschätzen; dies gilt vor allem für den Küstenort Umeå, der 1963 Universitätsstadt wurde. Ein ähnlicher Ausbau des Hochschulsektors aus regionalpolitischen Motiven erfolgte auch in den Nachbarländern Norwegen und Finnland.

Für die gegenwärtige regionalpolitische Förderung ist das Zentralamt für Industrieförderung zuständig. Der Einsatz der Mittel basiert auf einer Einteilung nach Regionen, die 62% der Landesfläche und 13,5% der Bevölkerung Schwedens ausmachen, in drei Fördergebiete unterschiedlicher Gewichtung, wobei die sogenannten Waldprovinzen Nordschwedens vorrangig bedacht werden. Vorbei sind die Zeiten, in denen ausschließlich die Industrie unterstützt wurde. Die regionalpolitischen Fördermittel sind inzwischen breit gestreut. Neben Darlehen und Zuschüssen zu Investitionen in Gebäuden und Maschinen sowie Transportkostenhilfen umfassen die Stützmaßnahmen seit einigen Jahren auch die Entwicklung und Vermarktung von Produkten und Maßnahmen zur beruflichen Qualifizierung. Nach dem Motto *„Hela landet skall leva"* („Das ganze Land soll leben") legt man großes Gewicht auf eine landesweite Infrastruktur, um ein besseres Gleichgewicht in der räumlichen Verteilung der Wohlfahrt zu erzielen. Kritiker der schwedischen Regionalpolitik vergleichen die norrländischen Unternehmer mit Drogenabhängigen, die mehr Energie darauf verwenden, möglichst hohe Fördergelder zu kassieren, als neue Ideen zu entwickeln.

Nach dem Beitritt Schwedens zur EU erhält das Land, das weiterhin seine nationale Regionalpolitik betreiben darf, jährlich 2,4 Mrd. Kronen aus dem Strukturfonds. Besondere Förderung erfahren die inneren Teile Norrlands, Dalarnas Norden und Värmland, zusammenhängende Gebiete mit einer Bevölkerungsdichte von höchstens 8 Einwohnern/km^2, strengem Klima und großen Entfernungen.

Der Abbau regionaler Ungleichheit im Lande des Gleichheitsprinzips wird auf absehbare Zeit ein hehres Ziel bleiben.

5. Dezentralisierung als Leitmotiv

Die rasante Entwicklung Schwedens zum Industrie- und Dienstleistungsstaat forderte ihren Preis. Urbanisierung, wirtschaftlicher Konkurrenzkampf, Spezialisierung der Produktions- und Entscheidungsprozesse mit einschneidenden Strukturveränderungen sowie einer drastischen Umverteilung der Bevölkerung auf wenige Ballungsräume und einer Verschiebung der Beschäftigten zwischen den einzelnen Wirtschaftssektoren, häufig gekoppelt an eine erzwungene geographische

Mobilität, führten zu sozialen Auswirkungen, die offensichtlich unterschätzt worden sind. Olof Palme sah das Problem zwischen öffentlicher Wohlfahrt und individuellem Wohlbefinden: „Die Industrialisierung und die technische Entwicklung sind immer weiter vorangetrieben worden. Wir haben Großunternehmen und große Organisationen, die ein Gefühl der Machtlosigkeit und Anonymität verstärkt haben. Es ist schwieriger geworden, die Gesellschaft in ihrer Gesamtheit zu verstehen, und gleichzeitig ist die gegenseitige Abhängigkeit noch größer geworden. Eine Menge Menschen sind gezwungen gewesen, eine sichere und bekannte Umgebung zu vertauschen gegen eine, die ihnen fremd ist. Allzu viele sind gezwungen worden, Verwandte, Freunde und Bekannte sowie Berufskollegen zu verlassen."

Schon Anfang der 70er Jahre wurde die Landflucht geringer, verebbte der Zustrom in die Großstadtregionen. Der Begriff der Dezentralisierung war plötzlich in aller Munde. Kritik und Abneigung gegen große Kommunen, die von rund 2500 Gemeinden Anfang der 50er Jahre auf 284 „kommuner" 1983 reduziert wurden, gegen große Zentralkrankenhäuser oder Mammutschulen artikulierten sich immer vehementer. Es war die Zentrumspartei des Thorbjörn Fälldin (der als Landwirt aus dem dünnbesiedelten Norden für viele das alte bäuerliche Schweden personifizierte), die Dezentralisierung und Nahdemokratie auf ihre Fahnen schrieb; eine etwas diffuse Opposition, die sich der modernen technischen Entwicklung verweigerte, ohne jedoch den schwedischen Wohlfahrtsstaat in seinen Grundfesten in Frage zu stellen. Neben einer wirtschaftlichen und politischen Dezentralisierung, gemeint als Stärkung der kommunalen und regionalen Ebene, wurden auch umweltbezogene Motive angeführt, da Dezentralisierung die Umweltprobleme verringere, die primär wegen der Konzentration von Ressourcen und Menschen in den Stadtregionen entstanden seien. Wenn auch die Zentrumspartei zwischenzeitlich aufgrund unklarer Programmatik und innerer Zwistigkeiten stark an Bedeutung verlor – der Wille zur Dezentralisierung in Schweden blieb davon unbeeinflußt.

Während die politische Dezentralisierung im Laufe der Jahre den Kommunen einen großen Teil der Sozialleistungen übertragen hat und diese berechtigt sind, eine eigene Steuer zu erheben, bewirkte die letzte Gebietsreform in kommunaldemokratischer Hinsicht in den Großgemeinden mehr Abstand zwischen Wählern und Gewählten.

Im Zuge der „Entindustrialisierung", die die Zahl der im industriellen Sektor Beschäftigten immer weiter schrumpfen ließ – allein zwischen 1960 und 1970 um 5%, von 1970 bis 1978 gar um 7% –, setzte sich in Schweden mehr und mehr die Auffassung durch, den öffentlichen Dienstleistungen größere Bedeutung in der Regionalpolitik zukommen zu lassen. In dem Bestreben, den Gleichheitsgedanken und somit Wohlfahrt für alle in die räumliche Dimension zu übertragen, galt die Industrialisierung unterindustrialisierter Regionen lange Zeit als oberstes Prinzip. Da im öffentlichen Sektor über den weiteren Ausbau des Wohlfahrts- und Sozialstaats eine Vielzahl neuer Arbeitsplätze geschaffen wurde, war es nur konsequent, auch staatliche Betriebe aus dem Ballungsraum Stockholm in zumeist mittelgroße schwedische Industriestädte auszusiedeln. Die Hauptstadt sollte entlastet und eine günstige regionale Entwicklung in den kleineren Orten angestrebt werden – Dezentralisierung auf allen Ebenen also.

Anfang der 70er Jahre beschloß der Reichstag nach einer im ganzen Land heftig geführten Debatte, 43 Behörden mit rund 10000 qualifizierten Arbeitsplätzen in 16 größere Orte außerhalb der Stockholmer Stadtregion zu verlegen. Nach 8 Jahren sollte die Umsiedlungsaktion in zwei Phasen abgeschlossen sein.

Als ich Anfang der 70er Jahre zusammen mit schwedischen Geologiestudenten durch Südlappland zog, um in den geologisch noch nicht näher erkundeten Gebieten eine Vielzahl von Boden- und Pflanzenproben zu nehmen, die dann sorgfältig verpackt und beschriftet nach Stockholm geschickt wurden und dort per Computer ausgewertet werden sollten, wunderte ich mich nur, daß die Behörde der staatlichen Geologen (SGU) in der Hauptstadt angesiedelt war, während die eigentliche

Feldarbeit auf Jahre hinaus in der Peripherie, rund 1000 km vom Zentrum des Landes entfernt, zu erledigen war. Wenig später waren auch die Geologen von der Behördenaussiedlung betroffen. Ihre Dienststelle wurde einige hundert Kilometer weiter nach Norden verlegt.

Gründlich, wie die Schweden nun einmal sind, haben sie in zehn Forschungsberichten allein die erste Phase der Umsiedlung staatlicher Behörden ausgewertet. Zwar gab es von den betroffenen Ämtern und Organisationen grundsätzlich breite Zustimmung zu den neuen regionalpolitischen Maßnahmen, doch in keiner der Behörden sah man die Notwendigkeit, selbst aus Stockholm wegzuziehen. So wechselten etliche Staatsdiener vor dem Umzug ihrer Dienststelle den Arbeitsplatz, um im attraktiven Stockholm bleiben zu können. Nur etwa jeder Fünfte zog mit seiner Behörde um, legt man die Beschäftigtenzahl zum Zeitpunkt des Umsiedlungsbeschlusses zugrunde, während 50–60% ihrer Verwaltung folgten, geht man vom Tag des Umzugs aus. Natürlich wurden soziale Härtefälle berücksichtigt. Wer kurz vor der Pensionierung stand oder sich um kranke Familienangehörige kümmern mußte, konnte bei einer anderen Behörde in Stockholm Beschäftigung finden.

Zwei Drittel der am neuen Standort eingestellten Arbeitnehmer stammte aus der lokalen Bevölkerung, zumeist waren es Frauen. In vielen Fällen wurde die Umsiedlungsaktion zu Strukturrationalisierungen genutzt, beklagt wurde jedoch häufig die schwierige Kommunikation mit den zentralen Institutionen in Stockholm trotz der Möglichkeit, Fernsprechkonferenzen durchzuführen. Kommunalwirtschaftlich erwies sich die Umsiedlung als recht gelungen, da trotz anfänglicher Investitionen der Gemeinden nach wenigen Jahren die anfallenden Kosten abgedeckt waren, denn jeder Arbeitnehmer zahlt eine direkte Gemeindesteuer zwischen 30 und 35% seines Einkommens. Aus der Perspektive der Angestellten wurden zwar kürzere Wege zum Arbeitsplatz, bessere Wohnmöglichkeiten sowie eine größere Nähe zur Natur hervorgehoben, doch nicht wenige sehnten sich zurück in die Metropole. Untersuchungen zu den sozialen Auswirkungen der spektakulären Umsiedlungsaktion erfolgten nicht, „weil sie das Privatleben der Angestellten sehr verletzt hätten". Um so intensiver widmeten sich die Massenmedien diesem Thema. In den Jahren nach der Umzugsaktion hat es die mächtige Beamtenlobby der zentralen Verwaltungsbehörden durchaus verstanden, neu geschaffene Ämter in der Hauptstadt des Landes zu lokalisieren.

6. Das Verkehrssystem

Schon in vorindustrieller Zeit stellten Verkehr und Kommunikation in einem Land großer Weite und dünner Besiedlung eine ständige Herausforderung dar. So erfolgte der Transport des Stabeisens aus Mittelschweden in die Hafenstädte meist im Winter, wenn man mit dem Schlitten Seen und Sumpflandschaften überwinden konnte. Blieb der Schnee aus, hatte das oft Folgen für die Produktion. Die mühevolle Anlage von Kanälen um 1800 und später brachte nicht immer den erhofften Erfolg. Damals dachte noch niemand an Touristen, die den Göta-Kanal mit seinen rund 60 Schleusen von Göteborg nach Söderköping südlich von Stockholm auf einer romantischen Seetour durch Schweden gemütlich auf komfortablen Dampfern befahren.

Manche Unzulänglichkeiten des rund 11 000 km umfassenden Eisenbahnnetzes, das nach Norden zu immer weitmaschiger wird, geht auf die Bestimmungen zurück, die 1853/54 im Reichstag festgelegt worden waren: Die Hauptlinien mußten durch weitgehend menschenleere Räume führen, die entwickelt werden sollten; Kanäle durften nur gekreuzt werden, und die Nähe zur Küste mußte aus militärischen Erwägungen sowie aus Konkurrenzgründen zur Schiffahrt gemieden werden. So verbindet die Hauptstrecke nach Norrland nicht die Küstenstädte miteinander, sondern liegt mindestens 50 km vom Bottnischen Meerbusen entfernt. Verwaltet wird das Eisenbahnnetz von der Schwedischen Staatsbahn (SJ). Man reist bequem in den breiten Wagen; Zweiter-Klasse-Wagen sind so komfortabel, daß die erste Klasse fast überflüssig erscheint. Spezielle Kinderabteile *(barnkupéer)* sind für Eltern mit Kleinkindern eingerichtet. Für Eisenbahnenthusiasten ist die Fahrt über rund 2000 km mit dem *Lapplandspilen,* dem Lapplandpfeil, von Malmö nach Kiruna ein Muß. Die 168 km lange Verbindung von Kiruna nach Narvik vorbei am See Torneträsk und auf norwegischer Seite entlang dem malerischen Rombakfjord gilt unter Eingeweihten als eine der schönsten Strecken der Welt. Da läßt man sich gern einmal von der Erzbahn, die grundsätzlich Vorfahrt hat, auf ein Nebengleis schubsen. Generell ist das Bahnfahren wieder attraktiver geworden. So konkurriert z.B. der von ABB entwickelte Hochgeschwindigkeitszug X-2000, der im Unterschied zu vielen anderen Schnellzügen auf den bereits vorhandenen Gleisen fahren kann, auf der Strecke Stockholm-Göteborg bei einer Fahrzeit von gut drei Stunden mit den Inlandsfluggesellschaften.

Autobusse erschließen die Gebiete, in denen das Eisenbahnnetz zu weitmaschig ist. Fahrten mit den Expreßbussen zwischen den süd- und mittelschwedischen Städten sowie von Stockholm in die nordschwedischen Küstenstädte sind preiswert und bequem. Die Fahrt von Stockholm nach Luleå dauert etwa 13 Stunden.

Das innerschwedische Flugnetz ist hervorragend ausgebaut, mehr als 40 Orte werden angeflogen. Drehscheibe des Binnenflugverkehrs ist Stockholm/Arlanda. Besonders günstige Tarife gibt es zu Weihnachten und in der Sommersaison.

Von immenser Bedeutung für den Transport von Gütern und Personen ist der Fährverkehr. In den schwedischen Häfen werden pro Jahr weit über 100 000 Fähranläufe registriert, rund 40 Millionen Passagiere reisen jährlich von oder nach Schweden. Die „schwimmenden Brücken" sind das Kernstück einer hochentwickelten Verkehrsinfrastruktur. Eine Besonderheit im Fährverkehr zwischen Finnland und Schweden sind die schwimmenden Luxushotels. Preiswertes Essen und Trinken, Shopping und Unterhaltung locken Millionen jährlich auf die komfortablen Riesenfähren. Für viele wird die kurze Seereise über die Ostsee zum Ziel an sich.

Gegenwärtig gehört der Wohlfahrtsstaat zu den Ländern mit der größten Kraftfahrzeugdichte. Den mehr als 3,5 Millionen PKW steht ein gut ausgebautes Netz von asphaltierten Haupt- und Schnellstraßen zur Verfügung, während sich der Autobahnbau im Nahbereich der Großstädte mit etwas mehr als 1000 km wegen der immensen Baukosten in Grenzen hielt. Neben den kurzen Autobahnen(*motorväg*) gibt es einige Europastraßen für den Fernverkehr („E"), die Reichsstraßen (*riksväg*) mit den Nummern 10–99 und die Provinzialstraßen (*länsväg*) mit den Ziffern über 100. Auf den allermeisten Straßen durch weite Naturlandschaften macht das Autofahren angesichts geringer Verkehrsdichte noch Spaß, auch wenn die Höchstgeschwindigkeiten mit 110 km/h auf den Autobahnen, 70 km/h, 90 km/h oder in wenigen Fällen 110 km/h auf den anderen Straßen begrenzt sind. Im hohen Norden muß sich der Autofahrer jedoch auch auf Kies, Schotter oder Sand als Straßenbelag einstellen. Hält man nicht genügend Abstand zu anderen Fahrzeugen, geht die Windschutzscheibe infolge Steinschlags schnell zu Bruch. Im Winter kann der Asphaltbelag von Nachteil sein, denn die Spikereifen ritzen auf salzbestreuten Straßen den Belag, so daß Asphaltstaub und Wasser eine schwarze Brühe bilden und die Sicht erheblich beeinträchtigen können. Eine beträchtliche Gefahr für Autofahrer stellen Kollisionen mit Elchen und Rotwild dar, besonders in den frühen Morgen- und Abendstunden in so wildreichen Provinzen wie Kronoberg, Kalmar und Värmland. Fangzäune zu beiden Seiten der am meisten befahrenen Straßen bieten den besten Schutz. Zehn Todesopfer und etwa hundert Schwerverletzte sind durchschnittlich jedes Jahr nach Zusammenstößen mit Elchen zu beklagen.

Vorbei ist die Zeit der Irritation deutscher Autofahrer, die die von den Fährschiffen kommenden Schweden bei strahlendem Sonnenschein auf ihre brennenden Scheinwerfer aufmerksam machen wollten. Inzwischen weiß man, daß in Schweden auch am Tag aus Sicherheitsgründen mit Abblendlicht gefahren werden muß. Verkehrssicherheit wird in diesem Land groß geschrieben, nicht zuletzt seit der Umstellung vom Links- auf den Rechtsverkehr 1967, die das Bewußtsein der Bevölkerung für Fragen der Sicherheit geschärft hat. Bereits 1959 rüstete Volvo alle Wagen standardmäßig mit dem Dreipunkt-Sicherheitsgurt aus; Saab war das erste Automobilwerk, das Scheinwerfer grundsätzlich mit Scheibenwischern ausstattete, eine Neuerung, die inzwischen für alle Neuwagen in Schweden gilt. Aufklärung, eine auf Sicherheit bedachte Gesetzgebung und drastische Strafen, vor allem bei Geschwindigkeitsüberschreitungen und Trunkenheitsdelikten, sind offensichtlich nicht ohne Erfolg geblieben. Die Unfallstatistik weist jährlich knapp 600 (vor 10 Jahren noch rund 800) Verkehrstote auf. Bei der Hälfte der tödlichen Fälle stand der Fahrer unter Alkoholeinfluß.

VII. Umweltprobleme und Kernkraftdiskussion

1. Sauer über sauren Regen

Auch vor dem EU-Beitritt war Schweden schon vollwertiges Mitglied einer europäischen Gemeinschaft der Umweltsünder und vor allem der Umweltgeschädigten, denn mit den Luftmassen verhält es sich wie mit den Meeren: Sie bewegen sich ungehindert über nationale Grenzen hinweg. Auf eine einfache Formel brachte eine Informationsschrift des Staatlichen Amtes für Naturschutz Schwedens grundlegendes Umweltproblem, die ausländische Schwedentouristen in den lokalen Fremdenverkehrsbüros oder gar schon an der Grenze in die Hand gedrückt bekamen: „Unsere Natur ist so sauber wie eure Industrien."

Schon Ende der 60er Jahre haben schwedische Wissenschaftler grundlegende Untersuchungen durchgeführt, die ihrer Ansicht nach belegten, daß die feststellbare Wasserversauerung vieler Seen und Wasserläufe mit einhergehendem Fischsterben nicht hausgemacht, sondern über Luftverunreinigungen aus den Industriegebieten und Ballungszentren des europäischen Kontinents und Großbritanniens importiert sei.

Schweden, daran zweifelt heute niemand, ist unfreiwilliger Nettoimporteur von Schwefel- und Stickstoffverbindungen aus den Nachbarländern. Der Eigenanteil am gesamten Schwefelniederschlag liegt gegenwärtig nur zwischen 10 und 15%, wobei ein nicht geringer Teil der schwedischen Emissionen in Finnland und Rußland niederfällt.

Da in Schweden seit über 30 Jahren kontinuierlich Messungen der chemischen Zusammensetzung der Niederschläge durchgeführt werden, kann man die geographische Verteilung sowie die jahreszeitlichen Schwankungen der Schwefel- und Stickstoffmengen registrieren, die mit Regen und Schnee auf jeden Quadratmeter Schwedens niedergehen. Dabei hat man festgestellt, daß die Naßdeposition von Süd- nach Nordschweden deutlich abnimmt, da die süd-südwestlichen Landesteile näher an den ausländischen Schadstoffquellen liegen und die Niederschläge hier reichlich fallen.

Die Umweltschäden in Schweden stehen in krassem Gegensatz zu dem Bild, das sich viele von dem Land mit der Flächengröße Frankreichs machen, wenn sie an paradiesähnliche, unberührte Naturlandschaften in hellen Mittsommernächten denken. Umweltexperten weisen darauf hin, daß von rund 100 000 Seen etwa 18 000 von der Versauerung betroffen sind, von denen ca. ein Viertel so geschädigt ist, daß sie das ganze Jahr über einen ph-Wert von unter 0,5 aufweisen. (Je höher der Säuregehalt ansteigt, um so niedriger liegt der ph-Wert, der ein Maß für die Wasserstoffkonzentration darstellt.) Angesichts solcher Säuregehalte ändern sich die Ökosysteme; viele Fischarten sterben aus, besonders empfindlich reagieren Lachse, die bereits bei ph-Werten von 6,0 krankhafte Veränderungen zeigen. Ferner werden durch die Ansäuerung der Seen und des Grundwassers giftige Metalle ausgelaugt, so daß Fische häufig an Aluminiumvergiftung zugrunde gehen, da das Kiemengewebe abstirbt.

Mehr als eine Million Schweden verwenden, da sie meist in dünnbesiedelten Räumen leben, Grundwasser aus eigenen Brunnenanlagen. Die Hälfte dieser Menschen lebt in Gebieten mit starker Versauerung. Für die meisten von ihnen dürften die toxikologischen Risiken, sieht man einmal vom Kadmium ab, bisher wohl noch gering sein. Beunruhigend erscheint dagegen schon jetzt, daß Säuren Konstruktionen angreifen, die in versauertes Wasser versenkt oder ins Erdreich eingegraben wurden. Milliardeninvestitionen einer spätindustriellen Gesellschaft wie Telefon- und Stromkabel, Abfluß- und Trinkwasserleitungen oder Stahlkonstruktionen unter den Gebäuden sind von der Zerstörung bedroht.

Generell machen sich Übersäuerungsprobleme vorwiegend in Regionen mit älteren, kalkarmen Gesteinen bemerkbar, wie sie in Nordeuropa und im Norden Nordamerikas vorkommen.

In Schweden besteht der Untergrund größtenteils aus Graniten und Gneisen, d.h. aus kalkarmen Urgesteinen. Zwar ist das Neutralisierungsvermögen der Böden größer als bei Binnengewässern, doch kommt es bei massiver Säurezufuhr zu chemischen und biologischen Veränderungen. So wurden in den Böden Südschwedens bereits niedrigere ph-Werte registriert als in anderen Landesteilen. Ein nachhaltiger Einfluß auf das Wachstum der Wälder, deren volkswirtschaftliche Bedeutung immer noch beachtlich ist, kann somit nicht mehr ausgeschlossen werden. Als sicher gilt inzwischen, daß das Waldsterben, wie es in der Bundesrepublik seit Jahren beobachtet wird, auch die Natur- und Kulturräume Schwedens erreicht hat. Das wohl interessanteste Ergebnis einer Studie in den 11 südlichsten Provinziallandtagsgemeinden kann nicht mehr überraschen: Die Ausbreitung der Waldschäden zeigt eine deutliche räumliche Deckungsgleichheit mit der Anfälligkeit der Seen für Versauerung im gleichen Gebiet.

Was kann ein Land wie Schweden im Europa der Luftverschmutzungen überhaupt aus eigener Kraft erreichen?

Die Produktionsprozesse in der Industrie sind nur noch für einen geringen Anteil der Verunreinigungen verantwortlich. Der überwiegende Teil der Stickoxide stammt von den Straßenfahrzeugen und Fähren. Regeln und Verordnungen haben immerhin dazu geführt, daß die Schwefelemissionen heute im Vergleich zum Jahr 1980 um 80% geringer ausfallen. Sollte es in den nächsten Jahren zu einem Ausstieg aus der Kernenergieproduktion kommen, der aber inzwischen als eher unwahrscheinlich gilt, würden Kohlendioxyd und Stickoxide allerdings nicht in dem Maße reduziert werden können, wie geplant. Die stark exportorientierte papierverarbeitende Industrie hat sich immer strengeren Umweltauflagen beugen müssen und scheint die Chloremissionen bis zur Jahrtausendwende auf 2000 Tonnen jährlich beschränken zu können.

Im Zusammenhang der Maßnahmen gegen Luftverunreinigungen und Übersäuerungsphänomene muß auch die intensivierte Kalkung von Seen und Flußläufen gesehen werden. Gegenwärtig werden etwa 3000 Seen zumeist per Hubschrauber auf diese – freilich symptomatische Weise – behandelt.

Das nicht unumstrittene Projekt, Gewässern und Böden Kalk zuzuführen, ist nach den jüngsten Sparbeschlüssen der Regierung gefährdet. Die Kürzungen der Mittel auf die Hälfte kommentiert die Umweltministerin lapidar mit den Worten, die Industrie könne ja das Projekt sponsern. Dabei gilt als gesichert, daß das Wasser in geologisch geeigneten Gebieten innerhalb von 10 Jahren wieder in den Zustand vor der Versauerung versetzt werden kann. Die wiederhergestellten Gewässer laufen nun Gefahr, mit niedrigen ph-Werten wie vor der Kalkzufuhr belastet zu sein.

Daß viele Umweltprobleme nur auf internationaler Ebene gelöst werden können, verdeutlicht zum Beispiel Schwedens Engagement zur Wiederherstellung des ökologischen Gleichgewichts in der Ostsee, deren größtes Problem die Überdüngung darstellt. Da es in Polen, Rußland und dem Baltikum an kommunalen Kläranlagen mangelt, unterstützt Schweden durch Investitionshilfen den Bau solcher Anlagen. Für eine saubere Ostsee wären die meisten Schweden bereit, 20 Jahre lang eine Extrasteuer von umgerechnet rund 450 DM jährlich zu bezahlen.

Es besteht kein Zweifel: Der Natur- und Umweltschutz hat in Schweden in den letzten Jahrzehnten eine immer stärkere Stellung erhalten. Eine Umwelt-Datenbank ist Teil eines Informationssystems, zu dem ein das ganze Land umfassendes Netz von Prüf- und Beobachtungsstationen sowie die Einführung computergesteuerter Kontrollanlagen gehören. Das Umweltbewußtsein hat in weiten Kreisen der Bevölkerung nach der UNO-Umweltkonferenz in Stockholm Anfang der 70er Jahre zugenommen. Doch wer das Land besucht oder länger in ihm lebt, gewinnt den Eindruck, daß das Umweltbewußtsein in Schweden – trotz Katalysatorpflicht für Neuwagen seit 1989 und des Schutzes passiver Raucher – nicht so ausgeprägt ist, wie es die vielen Gesetzesauflagen vermuten lassen. Müllsortierung und Wiedergewinnung von Abfallstoffen z.B. haben noch nicht den Stellenwert wie in der Bundesrepublik.

Schließlich aber können alle noch so intensiven Bemühungen, die Schadstoffemissionen im Lande selbst zu verringern, Schwedens größtes Umweltproblem, die Übersäuerung von Böden, Seen und Wasserläufen, nicht lösen. Nur gemeinsames Handeln aller Länder nördlich der Alpen kann zu einem dringend notwendigen Rückgang der sauren Niederschläge in Schweden führen. Eine deprimierende Aussicht für ein Land, das in seiner Umweltpolitik mit gutem Beispiel vorangeht.

2. Schweden im Jahre 10 nach Tschernobyl

Am Anfang stand ein Verdacht. Am 28. April 1986 stellte der Strahlenschutztechniker Bengt Bellman frühmorgens an den Schuhsohlen eines Beschäftigten im Kernkraftwerk Forsmark, etwa 150 km nördlich der Hauptstadt gelegen, das Vierfache der sonst üblichen Strahlung fest. Sofort eingeleitete Untersuchungen an anderen Angestellten führten zu ähnlichen Meßergebnissen. Da man ein Leck in einem der Reaktoren vermutete, brachte man zunächst einige hundert Personen aus dem unmittelbaren Gefahrenbereich. Als Experten die Ursache erhöhter Strahlungswerte nicht ausmachen konnten und wenige Stunden später auffallend höhere Meßwerte aus dem Kernkraftwerk Oskarshamn im Südosten des Landes gemeldet wurden, befürchteten schwedische Meteorologen aufgrund der Windverhältnisse ein Reaktorunglück in der Sowjetunion.

Am Abend sollte sich ihr dringender Verdacht bestätigen. Einem Bumerang gleich gelangte die radioaktive Wolke in nordwestlicher Richtung über die Ostsee nach Schweden, bis südöstliche Winde sich durchsetzten und radioaktive Substanzen wieder in die Sowjetunion zurücktransportierten. Neben Jod, das nur eine kurze Halbwertszeit hat, gingen vor allem Cäsium und geringe Mengen Strontium und Plutonium auf einzelne Teilräume Schwedens nieder. Der radioaktive Niederschlag verteilte sich regional sehr unterschiedlich und belastete südliche und mittlere Teile Norrlands, das nördliche Uppland und Västmanland. Die Höchstwerte wurden um Gävle, Sundsvall und Härnösand gemessen. Der Schock in der Bevölkerung saß tief. Neben den praktischen Fragen des Alltags, was man unbedenklich in welcher Menge essen und trinken konnte, beschäftigte viele Menschen die Frage nach den möglichen Spätfolgen des Unglücksfalles.

In der ersten Phase nach dem Unfall ging es darum, die Kühe in den belasteten Gebieten von den Weiden fernzuhalten und mit Heu aus anderen Landesteilen durchzufüttern, damit die Milch nicht kontaminiert wurde. Als dramatischer erwies sich die hohe Belastung mit Cäsium 137 (Halbwertszeit: 30 Jahre) bei Wild, Rentieren, Fischen in den Binnenseen, wilden Beeren und Pilzen. Besonders betroffen war die Rentierwirtschaft. Da die Rentiere vornehmlich Flechten fressen, die als wurzellose Pflanzen ein hohes Maß an Radioaktivität aufnehmen, gelangen somit radioaktive Stoffe ins Fleisch. Bis November 1986 konnten 27 000 geschlachtete Tiere nicht verkauft werden, da der (allerdings umstrittene) Grenzwert von 300 Bequerel pro kg überschritten wurde, der wenig später auf 1500 bq/kg angehoben wurde. Aufgrund spezieller Fütterung und der Möglichkeit, mit einfachen Geräten die Belastung bei lebenden Tieren zu messen, brauchten 1995 „nur" noch 7–8% der untersuchten Schlachttiere vom Markt genommen zu werden. Insgesamt hat der Staat den Landwirten und Rentierzüchtern bisher rund 700 Millionen Kronen Schadensausgleich gezahlt.

10 Jahre nach Tschernobyl sind die Folgen des radioaktiven Niederschlags in Schweden keineswegs gering. Der Abbau des Cäsiums 137 bei Elch, Reh, Ren, den Pilzen und Fischen in den Binnenseen geht nur langsam vor sich. Relativ starke Konzentrationen in den Gebieten der hohen Niederschläge sind auch in den nächsten Jahren zu erwarten. Die lokalen Unterschiede können ebenso erheblich sein wie die Schwankungen von Jahr zu Jahr. Verantwortlich für die Kontrolle des Cäsium-Gehaltes in den verkauften Lebensmitteln sind die jeweiligen Gemeinden. Für diejenigen belasteten Produkte, die der Durchschnittsschwede nicht in großen Mengen zu sich nimmt, gilt ein Grenzwert von 1500 Bq/kg.

3. Kernkraft – nej tack?

Mit einem typisch schwedischen Kompromiß schien der jahrelange Streit um die Nutzung der Kernenergie nach der Volksabstimmung von 1980 beigelegt, nachdem die Sozialdemokraten nach über 40 Jahren Regierungsverantwortung 1976 die Macht abgeben mußten und Thorbjörn Fälldin, der Chef der Zentrumspartei, der sich als Atomgegner profiliert hatte, das Amt des Ministerpräsidenten übernommen hatte. Doch seine Koalitionspartner, die Liberalen und die Konservativen, vermochten den Bau weiterer Reaktoren durchzusetzen. Fälldin trat zwei Jahre später zurück, und nicht zuletzt unter dem Eindruck von Harrisburg wandte man sich in der Jahrhundertfrage direkt an die Wähler. Während Fälldin und die Kommunisten den sofortigen Einstieg in den Ausstieg forderten und Ende des Jahrhunderts alle Nuklearanlagen stillgelegt sein sollten, entschied sich die Mehrheit der Befragten für die Abwicklung der Kernenergienutzung bis zum Ende des Jahres 2010, was den Vorstellungen der Sozialdemokraten, Liberalen und Konservativen entsprach.

Heute sind 12 Atommeiler mit einer Leistung zwischen 450 und 1220 MW ans Netz angeschlossen, die für gut 15% der benötigten Gesamtenergie des Landes und mehr als die Hälfte des schwedischen Stromes sorgen. Die andere Hälfte zur Deckung des hohen Stromverbrauchs gewinnt Schweden aus der Wasserkraft, die neun größere Flüsse im Norden des weiten Raumes liefern. Die Hälfte der Rohöleinfuhren des Landes, das nicht über eigene fossile Energieträger verfügt, stammt aus der Nordsee mit dem Nachbarn Norwegen als wichtigstem Lieferanten. Relativ gering ist der Einsatz importierter Kohle in einigen Heizkraftwerken. Nur 2% des Primärenergiebedarfs deckt aus Dänemark bezogenes Naturgas, da es kein ausgebautes Erdgasnetz gibt, denn die Stromunternehmen konzentrieren sich auf den Ausbau der Kernkraft. Bedeutender sind hingegen einheimische Brennstoffe. Die Nutzung von Holz und Holzabfällen, von Laugen, Torf und anderen Stoffen ist mit dem Energieangebot der Wasserkraft vergleichbar.

Nachdem die schwedische Politik jahrelang eine Entscheidung über die Zukunft der Kernkraft vor sich hergeschoben hatte, rückte die Energiepolitik 1996 wieder in den Mittelpunkt des Interesses. Vier energiepolitische Beschlüsse des schwedischen Reichstags sind von den politischen Parteien zu berücksichtigen:

1. Der letzte Reaktor soll 2010 stillgelegt sein.
2. Der Ausstieg aus der Kernkraft darf Beschäftigung und Wohlstand des Landes nicht gefährden.
3. Die vier großen Flüsse, Vindelälven, Pite älv, Kalix älv und Torne älv, dürfen nicht zur Gewinnung von Wasserkraft ausgebaut werden.
4. Schweden hat sich verpflichtet, seinen CO_2-Ausstoß zwischen 1990 und 2000 zu stabilisieren und danach zu verringern.

Daß sich alle vier Vorgaben auf einen Nenner bringen lassen, daran glauben nur die Grünen. Die Konservative Partei will die Kernenergie auch über das Jahr 2010 voll nutzen, solange es wirtschaftlich sinnvoll ist und die Sicherheit es zuläßt. Die regierenden Sozialdemokraten wollen bis 2010 aus der Kernkraft aussteigen. Die Energielücke könne durch den Ausbau eines Naturgasnetzes geschlossen werden. Die mit den Sozialdemokraten kooperierende Zentrumspartei unterstützt gleichfalls den Ausstieg aus der Kernkraft bis 2010 und fordert höhere Steuern für Kernkraft und fossile Brennstoffe. Es ist nicht ausgeschlossen, daß die Regierung bis spätestens 1998 mit der Schließung mindestens eines Reaktors beginnt.

Doch führende Gewerkschafter und Industrielle warnen vor einem energiepolitischen Abenteuer und fordern, daß die Atommeiler, in die ständig investiert worden sei und deren Sicherheitsstandard hoch sei, inzwischen eine Laufzeit von rund 40 Jahren haben sollten. Die Schließung eines oder zweier Reaktoren ohne klaren Bescheid über die weitere Nutzung der anderen Atommeiler werde die Unsicherheit für die stromintensive Industrie in Schweden erhöhen. In Kreisen der schwedischen Industrie fürchtet man einen kräftigen Anstieg der Strompreise nach dem Schicksalsjahr 2010, wenn die Energielücke nicht geschlossen werden könne. Die internationale Konkurrenzfähigkeit eines Industriezweiges mit rund 100 000 Beschäftigten stehe auf dem Spiel.

VIII. Stadt und Land

1. Stockholm, die multifunktionale Hauptstadt

Stockholm liegt günstig im Mittelpunkt Skandinaviens, keine Flugstunde von Oslo, Kopenhagen und Helsinki entfernt. Mit ihren vielen Vororten kommt die Stadtregion auf rund 1,5 Millionen Einwohner; jeder sechste Schwede wohnt inzwischen hier. Die Attraktivität der Stadt ist ungebrochen.

Nicht nur der voreingenommene Betrachter empfindet Stockholm als eine der schönsten Stadtanlagen überhaupt. Die „Mälarkönigin" ist eine Stadt der Vielfalt und des Wechsels: Ihre Topographie weist beträchtliche Niveauunterschiede auf, glitzernde Wasserflächen, Wald, Granit und Gneis sowie eine farben- und formenreiche Architektur verschiedener Epochen lassen die Metropole mit ihrem amphibischen Charakter im Wechselspiel des Lichts eher als liebliche, grenzenlose Landschaft denn als steinernes Stadtgebilde erscheinen.

Die Gründung der Stadt abseits der landwirtschaftlich genutzten Siedlungen in einer fast menschenleeren Inselwelt hatte militärische und handelspolitische Ursachen, denn sie liegt am einzigen Zugang von der Ostsee zum Mälarsee. Der Name Stockholm bedeutet wohl „Pfahlinsel" und deutet darauf hin, daß Pfähle an der strategisch wichtigen Stelle Feinden den Zugang zum Mälarraum verwehren sollten. Für die weitere Entwicklung im Mittelalter spielen deutsche Kaufleute und Handwerker eine maßgebliche Rolle. Viele Gassennamen der Altstadt oder die *Tyska Kyrka* (Deutsche Kirche) erinnern an den Einfluß der deutschen Kaufmannschaft. Auch der Grundriß von *Gamla Stan,* der pittoresken Altstadt, erinnert an den der Hansestadt Lübeck. Mit dem Eintritt Schwedens in die Großmachtzeit wird Stockholm, die Hauptstadt des Ostseereiches, ausgebaut zu einer europäischen Barockstadt mit prunkvollen

Adels- und Regierungspalästen auf der Insel Riddarholmen. Im 19. Jahrhundert führen die Industrialisierung und den Handel begünstigende Maßnahmen zur Verdoppelung der Bewohner in nur drei Jahrzehnten auf 200000 Einwohner (1880), die häufig in katastrophalen Wohnverhältnissen hausen. Bereits um die Mitte des 19. Jahrhunderts wird das Zentrum der Altstadt immer mehr nach Norrmalm verlagert. Neue Wohngebiete mit zumeist fünfgeschossigen Mietshäusern nach Vorbildern in Paris, Wien und Berlin sorgen für eine dichte Bebauung der Malmen. Nach Süden verhindert ein mächtiger Gneisblock als natürliches Hindernis lange Zeit die Ausdehnung der Stadt, die im 20. Jahrhundert unaufhaltsam expandiert. Mietshäuser und Eigenheimvororte nach englischem Vorbild werden in die Landschaft gesetzt. Im Zeichen der Urbanisierung weist Stockholm nach dem Zweiten Weltkrieg eine jährliche Nettowanderung zwischen 15–20000 Menschen auf, so daß bis heute rund 30 neue Stadtteile entstanden sind. Bereits 1945 wurde mit dem Bau der U-Bahn, der *tunnelbana,* begonnen, die das Rückgrat des öffentlichen Nahverkehrs bildet. Drei diagonale Systeme mit Kreuzungspunkt in der City erfassen die bebauten Randgebiete bis zu 15 km Entfernung. 90% der Strecken der 110 km langen *tunnelbana* verlaufen unterirdisch. Inzwischen gilt die U-Bahn wegen der künstlerischen Ausgestaltung ihrer Bahnhöfe als einzigartige Kunstausstellung.

Der absolute Vorrang des Autoverkehrs, eine Lieblingsidee der Stadtplanung der 60er Jahre, löste nicht nur Begeisterung aus, zumal eine Schnellstraße die Altstadt durchschneidet, die fast vollständig unter Denkmalschutz steht. Längst gilt es als „in", in der *Gamla Stan* zu wohnen. Der Maler Carl Larsson und der Dramatiker August Strindberg setzten sich Anfang dieses Jahrhunderts für eine behutsame Erneuerung der Altstadt ein, als man den kulturhistorischen Wert allmählich erkannte. In den Sommermonaten herrscht eine geradezu südländische Atmosphäre in den schmalen Gassen um den *Stortorg,* den ältesten Platz Stockholms.

Untrennbar mit dem sommerlichen Stockholm sind Skansen und Gröna Lund verbunden. Während Gröna Lund als Vergnügungspark nur bedingt an den berühmteren Kopenhagener Tivoli erinnert, hat Skansen – hier gab es im 17. Jahrhundert eine Schanze, daher der Name – als Freilichtmuseum eine ungebrochene Anziehungskraft auch für die Stockholmer Bevölkerung, eine Oase wenige Bus- oder Fährminuten von Altstadt und City entfernt mit herrlicher Aussicht auf die Stadtanlage. 1891 wurde die Idee des Artur Hazelius Wirklichkeit, das „Volksleben in lebendigen Zügen" aufzuzeigen, der mit seinen skandinavisch-ethnographischen Sammlungen auch das Nordische Museum ausstattete. Als Pädagoge wollte er in einer Zeit nationaler Strömungen das alltägliche Leben in verschiedenen Häusern und Höfen der Landschaften des Landes originalgetreu darstellen. Im ganzen Land wurden 150 alte Gebäude, jeweils unterschiedliche Epochen und Gesellschaftsschichten repräsentierend, abgerissen, Stück für Stück nach Stockholm transportiert und wieder in möglichst ursprünglicher Landschaft aufgebaut. Über zwei Millionen Besucher jährlich belegen die Lebendigkeit der Idee ebenso wie die Volksmusik, Tänze, Spiele, Feiern der Traditionsfeste sowie Konzerte und Künstlerauftritte unter freiem Himmel.

Auf der Insel Djurgården (Tiergarten) liegt das sehenswerte Vasa-Museum. 1628 sank das größte Kriegsschiff seiner Zeit auf der Jungfernfahrt im Stockholmer Hafen. 1961 mühsam aus dem konservierenden Brackwasser gehoben, inzwischen restauriert, hat die Kommune nach langem Streit ein endgültiges Zuhause für die „Vasa" gefunden. Nahe dem Nordischen Museum über einem Dock der früheren Marinewerft beherbergt heute ein großes Kupferzelt in verschiedenen Farben den einstigen Stolz der schwedischen Flotte, denn eine Jury entschied den Architektenwettbewerb zugunsten von Göran Månsson mit der Begründung: „Mit seinen Farben, Wimpeln und Laternen, Dachvorsprüngen, Erkern und Brücken erinnert der Vorschlag an ein barockes Schauspiel und spiegelt auf geglückte Weise die Atmosphäre jener Zeit wider."

Als schwedisches und skandinavisches Zentrum von Handel, Wirtschaft und Verkehr, sieht man einmal vom internationalen Flughafen Kastrup in Kopenhagen ab, überragt Stockholm alle anderen Städte des Nordens. Der Wirtschaftsraum bietet 20% der schwedischen Arbeitnehmer Beschäftigung, sorgt für 30% der Steuereinnahmen des Landes. In den letzten Jahren lag die Produktivitätszunahme um 30% höher als im Lande, da sich hier die Wachstumsbranchen ballen. In Stockholm leben und arbeiten 73% aller Wirtschaftsfachleute, 71% aller Architekten, 63% aller Ingenieure, 53% aller geschäftsführenden Direktoren und 45% der Bankdirektoren Schwedens. Im öffentlichen Dienstleistungssektor liegt die Konzentration der Führungskräfte noch weit höher, so daß vor diesem Hintergrund die staatliche Umsiedlungsaktion von Teilen der Bürokratie in weniger dynamische Regionen verständlich wird.

Eines der großen Probleme der Stadt ist nach wie vor die Wohnraumnot, eine Folge der Anziehungskraft der Metropole sowie von Mängeln der staatlichen Wohnungspolitik. Wer über die kommunale Vermittlung eine Wohnung sucht, muß bis zu 11 Jahren warten (!). Der Schwarzmarkt blüht. Will man eine Wohnung im innerstädtischen Bereich anmieten, muß man erst einmal einen fünfstelligen Kronenbetrag hinlegen. Tausende von Wohnungen sind oft gesetzeswidrig zu Büro- und Lagerräumen umfunktioniert worden, viele Wohnungen werden nur selten bewohnt, weil sie ihren Besitzern als Zweitwohnsitz oder Kapitalanlage dienen; Ein- und Zweipersonenhaushalte dominieren. Ein neuer Trend zeigt sich in alten, heruntergewirtschafteten, von Menschen der unteren Sozialschicht bewohnten Innenstadtbereichen. Personen mit hoher Ausbildung im Alter zwischen 45 und 55 Jahren verlassen ihre Einfamilienhäuser in den Vororten und kaufen sich in geräumige Komfortwohnungen und Luxusappartements ein. Sozialstruktur und Aussehen der aufgewerteten Innenstadtviertel ändern sich. *Gentrifierare* nennt man die neuen Stadtmenschen inzwischen, ein neues Wort für ein neues Phänomen, übernommen aus dem Englischen (*gentry* = die nichtadligen Vornehmen).

Die Attraktivität der auf 15 Inseln gebetteten Hauptstadt rührt nicht zuletzt daher, daß sie eine einzigartige Freizeitlandschaft ist. Nachdem das Wasser vor 40 Jahren verseucht war, hat eine konsequente Umweltpolitik den Zustand der Gewässer erheblich verbessert. Am Fuße des königlichen Schlosses kann wieder jeder angeln und Forellen und Lachse aus dem Wasser ziehen. Nur wenig von den großen Geschäftsstraßen entfernt, ist es sogar möglich, inmitten der City zu baden. Der beliebteste Naherholungsraum der Stockholmer sind jedoch die 24000 Schären, abgeschliffene Inseln und Miniinseln, die sich von Norden nach Süden über 150 km und in östlicher Richtung bis zu 80 km ausdehnen. Hier liegen rund 75000 Freizeithäuser in allen Variationen, rund 300000 Menschen halten sich in diesem Paradies während der Sommermonate auf. Hier zelebriert die mobile Wohlstandsgesellschaft auf ihren Zweitwohnsitzen das wochenlange Sommerfest.

1998 wird die attraktive Metropole, die sich außerdem für die Austragung der Olympischen Spiele im Jahr 2004 beworben hat, Kulturhauptstadt Europas sein. Zu einer festen Einrichtung hat sich das seit 1991 jährlich Anfang August stattfindende Stockholm Water Festival *(Vattenfestivalen)* entwickelt, ein Spektakel um Musik, Kultur und Sport mit rund 900 Programmpunkten, das mehr als eine Million Besucher anzieht. Ein Teil des Erlöses aus dem Festival dient der Verbesserung des Wassers in der Ostsee.

2. Göteborg, mehr als nur bedeutendste Hafenstadt

Im Gegensatz zu Stockholm wird das äußere Erscheinungsbild des südwestschwedischen Göteborg von imposanten Hafen- und Industrieanlagen bestimmt. Mit über 20 km Kaianlagen ist Schwedens Hafen am Kattegat und an der Mündung von Göta-Älv und Göta-Kanal der bedeutendste des Nordens. Der nur drei Meter tiefe Göta-Kanal ist heute ohne wirtschaftliche Bedeutung, doch Anfang des vorigen Jahrhunderts erschloß er das Landesinnere und ermöglichte es, die dänischen Meerengen zu umgehen, da Dänemark damals noch den Sundzoll erhob. Heute stellen Eisenbahn und Straße die Verbindung zum Hinterland her. Mit 435000 Einwohnern im Stadtgebiet und etwa 700 000 Menschen in der Stadtregion ist Göteborg die zweitgrößte Stadt des Landes.

Die Stadt an der Westküste ist keine geschichtslose, wohl aber eine recht junge Siedlung, da ihre Gründung in die schwedische Großmachtzeit fällt. Gustav II. Adolf ließ Festung und Hafenstadt 1621 errichten, weil „Schwedens Pforte im Westen" eine Grundvoraussetzung für die Großmachtpläne Schwedens war. Der König mußte den Zugang zum Kattegat den Dänen teuer abkaufen, die bis zum Frieden von Roskilde knapp 30 Jahre später den Küstenbereich beherrschten. Aufgrund der Verkehrsgunst und des milden Klimas war das Gebiet um die heutige Stadt schon im Mittelalter kulturell erschlossen. Lödöse hieß der erste Gründungsversuch am Göta-Fluß 40 km von der Küste entfernt, Nya Lödöse der zweite, die heutige Altstadt Göteborgs, da die Norweger die erste Anlage blockiert hatten. Im 17. Jahrhundert waren es vor allem holländische Einwanderer, die grachtenähnliche Kanäle anlegten und die Physiognomie der Stadtanlage wesentlich beeinflußten. Zeitweise besaßen die Holländer auch die Mehrheit im Magistrat. Spanisch-holländische Juden wurden als routinierte Händler zur Ansiedlung bewogen. Der große Aufschwung für die Stadt kam im 18. und 19. Jahrhundert, als der rapide ansteigende Überseehandel sowie der Fischfang und die aufkommende Industrialisierung Göteborg zum bedeutendsten Zentralort der Westküste heranwachsen ließen.

Die Westorientierung Göteborgs, vor allem die engen Beziehungen zu Großbritannien, sind sprichwörtlich. In Schweden heißt es, die Göteborger spannen ihre Regenschirme auf, wenn es in London regne. Dabei kommt man in „Klein-London" zumeist ganz gut ohne Regenschutz aus, denn die Niederschläge an der Westküste sind gering, und die Sonne scheint den weltoffenen, kontaktfreudigen Bewohnern im Südwesten – statistisch betrachtet – wesentlich mehr als uns Mitteleuropäern; eine Schneedecke hält sich nicht länger als 50 Tage im Jahresmittel.

Die Felsbuckel der Schären haben auch hier, ähnlich wie in Stockholm, ein idyllisches Ferien- und Freizeitparadies entstehen lassen. Da an der Westküste die Hobelwirkung des Eises etwas geringer ausfiel und weniger Moränenmaterial abgelagert worden ist als an der Ostküste, sind die Granitfelsen hier schroffer, weniger abgerundet und häufig vegetationslos.

Wohnraumnot wie in Stockholm kennt man in Göteborg nicht. Die Schiffbaukrise, die die Industriestadt schwer getroffen hat, führte zur Abwanderung Tausender auf den Werften Beschäftigter und ihrer Familien. Der Niedergang dieses Industriezweigs hat die Wohnraumsituation spürbar entspannt.

Trotz der wirtschaftlichen Strukturprobleme ist Göteborg eine lebendige Metropole, die als Handels- und Industriestandort, Verwaltungs-, Universitätsstadt und Kulturzentrum Westschwedens, attraktives Einkaufszentrum mit großen Parks und Prachtstraßen sowie einem phantastischen Schärengarten vor der Küste weit mehr bietet, als nur Schwedens bedeutendste Hafenstadt zu sein. Göteborgs neues Prunkstück ist die 1994 eröffnete Oper neben dem Schiffsmuseum, ein moderner Bau mit faszinierender Theatertechnik und Akustik.

3. Malmö, Brückenkopf zum Kontinent

Malmö, die drittgrößte Stadt Schwedens, fernab vom Landeszentrum im südlichen Schonen gelegen, gehörte seit der Gründung im Mittelalter bis 1658 zu Dänemark. Auf dem Marktplatz der von Kanälen umschlossenen Altstadt haben patriotische Schweden ihrem König Karl X. Gustav, der Schonen an das schwedische Reich anschloß, aus lauter Dankbarkeit ein Reiterstandbild errichtet, schließlich hatte er den Erzfeind Dänemark gedemütigt. Seit der Mitte des 17. Jahrhunderts nach dem Frieden von Roskilde war der Öresund nicht mehr Bindeglied zwischen Seeland und Schonen, sondern politische Grenze, die zwei Staaten voneinander trennte, was die aufwendigen Befestigungsanlagen in Malmö oder auch Landskrona und Helsingborg nach wie vor bezeugen.

Lange Zeit lag Malmö im Schatten des jenseits des Öresund liegenden Kopenhagen, das jahrhundertelang Überfahrtsort

Abb. 4: Blick auf die Hafenanlagen von Göteborg, dessen Schiffbauindustrie schon bessere Tage gesehen hat. Vor zwei Jahrzehnten war die Werftindustrie auf riesige Öltanker und Massengutfrachter ausgerichtet. Nachfragerückgang und weltweite Überkapazitäten trafen die Hafenstadt an der Westküste besonders hart. Schweden hat seine Schiffsbaukapazität inzwischen stark reduziert; nur Spezialisierung bietet sich als Ausweg an. Die staatliche Svenska Varv AB hat alle großen Werften übernommen.

über den Sund sowie Sammel- und Umschlagplatz des westlichen Ostseeraumes und der Öresundregion war. Der Name Malmö kommt von dem Wort *malmhaug,* was soviel wie Sandhaufen bedeutet: Wegen ständiger Sandversetzungen mußten die Schiffe weit außerhalb der eigentlichen Hafenanlage auf Reede gehen, und Güter wurden auf kleinere Boote verfrachtet. Erst 1775 erhielt Malmö eine befestigte Hafenanlage.

Im Zeitalter der Eisenbahn erfuhr Malmö nach dem Bau der südlichen Stammbahn, die Schonen mit Stockholm verbindet, bedeutende Entwicklungsimpulse. Die westschonischen Städte, allen voran Malmö, gewannen um 1860 durch Aufschüttung Neuland aus dem Öresund und wurden wegen ihrer Hafenanlagen mit Gleisanschluß für die schwedische Industrie immer attraktiver.

Heute ist Malmö als Provinzhauptstadt Südschwedens wichtigster Zentralort. Vor allem in den 60er Jahren entwickelte sich die Hafen- und Handelsstadt zu einem bedeutenden Industriezentrum (Maschinenbau, Werften, Zement-, Textilindustrie). Der rapide Strukturwandel in den 70er Jahren führte allerdings dazu, daß einige Industriezweige ihre Bedeutung verloren und die Zahl der Industriearbeitsplätze zum Teil erheblich zurückging. In den besten Jahren hatten 6000 Beschäftigte auf der Kockums-Werft gearbeitet. Stagnation und Rückgang kennzeichneten seitdem die Entwicklung von Bevölkerung und Wirtschaft. Heute leben in der drittgrößten Stadt Schwedens rund 245 000 Einwohner – weniger als vor gut zwanzig Jahren. Ein Viertel der Stadtbevölkerung hat einen ausländischen Hintergrund, 11% sind ausländische Mitbürger. Die größte Gruppe der Einwanderer stammt aus dem ehemaligen Jugoslawien.

Bis heute hat der Industriestandort Malmö seine alte Bedeutung nicht wiedergewinnen können. Mitte 1996 lag die Arbeitslosigkeit mit offiziell 11,3% weit über dem schwedischen Durchschnitt. Im Rahmen des interkommunalen Steuerausgleichs erhielt die Gemeinde eine Milliarde Kronen, da das eigene Steueraufkommen nicht ausreicht, die rapide steigenden Sozialkosten zu decken.

Hilfe aus Stockholm erwartet Malmö beim Aufbau einer Hochschule. In wenigen Jahren sollen 14 000 Studenten an der Öresunduniversität auf einer Insel in der Stadt unweit der alten Werftanlagen studieren.

Es bleibt abzuwarten, welche positiven Wirkungen das nach langem Hin und Her beschlossene Jahrhundertprojekt einer festen Verbindung über den Öresund für die Region und Malmö nach sich zieht. Nach jahrzehntelangen Diskussionen haben Schweden und Dänemark sich darauf geeinigt, eine kombinierte Brücken- und Tunnellösung für den Auto- und

Zugverkehr über 16,2 km Länge zwischen Kopenhagen und Malmö zu realisieren, ein Vorhaben, das im Jahr 2000 fertiggestellt sein soll. Umstritten war das Projekt, das Schweden näher an den europäischen Kontinent bringt, bis zuletzt. Neben den enormen Kosten wurden immer wieder die erheblichen Eingriffe in die Natur auf dem Festland und im Öresund selbst ins Feld geführt. Die Umweltprüfungs-Instanzen kritisierten, die Brücke und notwendige künstliche Inseln störten den Salzwasserzufluß zur Ostsee, der Fischbestand und die Muschelbänke im Sund würden beeinträchtigt, Eisenbahnanschlüsse und Straßen zerstörten Naturschutzgebiete in der Küstenzone und der größere Abgasausstoß verunreinige zunehmend die Luft. Denn damit die feste Verbindung über den Öresund über Benutzungsgebühren finanziert werden kann, müssen zukünftig täglich 10000–15000 Kraftfahrzeuge über die Brücke rollen.

Nicht durchsetzen konnte sich also das Konkurrenzprojekt eines Zugtunnels zwischen dem schwedischen Helsingborg und dem dänischen Helsingör an der schmalsten Stelle des Sunds. Malmö dürfte damit als Brückenkopf zum Kontinent erheblich an Bedeutung gewinnen, nachdem der Güter- und Personenverkehr in der Vergangenheit vorrangig im nördlichen Öresundbereich erfolgte.

4. Der hohe Norden: Kiruna, eine sterbende Stadt?

Selbst für viele Bewohner Süd- oder Mittelschwedens haben Berichte und Nachrichten aus dem hohen Norden jenseits des Polarkreises durchaus etwas Exotisches an sich, liegt doch das Zentrum von Kiruna knapp zwanzig Eisenbahnstunden von der Hauptstadt entfernt. Die Erzstadt, in der Finnisch, Samisch und Schwedisch gesprochen wird, gilt als flächenmäßig größte Stadt der Erde mit rund 20000 km². Sie ist damit etwa so groß wie der Staat Israel. Der Name stammt wohl vom samischen *girun* ab, was soviel wie Bergschneehuhn bedeutet und sich auf die ursprüngliche Form des Haupterzkörpers bezieht. In der Erzmetropole, Kiruna C genannt, wohnen ganze 20 000 Menschen; ein paar tausend verteilen sich über den fast menschenleeren Raum, ernähren sich als Holzfäller oder Rentierzüchter in einer Region aus Tundra, Moor, Sumpf, See und Fjell.

Eine Laune der Natur hat Schwedisch-Lappland reiche Erzvorkommen beschert, die zwar schon im 17. Jahrhundert bekannt waren, aber wegen der abgelegenen Lage und der harten klimatischen Bedingungen zunächst unangetastet blieben. Die aufkommende Nachfrage gegen Ende des vorigen Jahrhunderts führte zur raschen Erschließung der Einöde. Zwischen dem „Schneehuhnberg" und dem „Lachsberg", den beiden Erzlagerstätten, wurde Kiruna rasch aus dem Boden gestampft. 1903 konnte die 168 km lange Eisenbahnverbindung von Kiruna zum eisfreien norwegischen Hafen Narvik eröffnet werden, über die nach wie vor der größte Teil des Erzes abtransportiert wird, da der schwedische Hafen Luleå am Bottnischen Meerbusen mehrere Monate im Jahr zugefroren ist.

Seit den 60er Jahren wird das eisenreiche Erz nicht mehr im Tagebau abgebaut, sondern in 500–1000 m Tiefe. Ein mehrere hundert km langes Straßennetz unter Tage ermöglicht es, die Bergleute in Autobussen an ihren hochtechnisierten Arbeitsplatz zu fahren. Das Erz wird losgesprengt, mit Frontladern abtransportiert und von automatisch gesteuerten Erzzügen zur Aufbereitung gebracht. Die technologische Weiterentwicklung der Hochofenprozesse hat auch die Erzlieferanten gezwungen, sich den verstärkten Bedürfnissen der Stahlindustrie anzupassen. Die Pellets, ein Erzkonzentrat in kleinen Kugeln, günstig für den Transport und den Hochofenprozeß, sind nur ein Beispiel für den Anpassungsdruck der Erzlieferanten.

LKAB, vier Buchstaben, die von Anfang an das Wohl und Wehe Kirunas bestimmten. Sie stehen für die staatliche Grubengesellschaft, die in ihrer Glanzzeit mehr als 80% des Steueraufkommens der Gemeinde leistete, die ein vorzügliches Gesundheitswesen aufbaute, Polizei und Schulbetrieb zeitweilig mitfinanzierte, Wohnungen baute, die Lebensbedingungen insgesamt erträglicher gestaltete.

Doch als ausländische Konkurrenten Erze preiswerter liefern konnten und Schiffsbau-, Stahlindustrie und Wirtschaftskrisen die Nachfrage nach Erz sinken ließen, zeigten sich die fatalen Folgen der Abhängigkeit der Stadt von der Minengesellschaft. Anfang der 80er Jahre nahmen die Defizite des Unternehmens beträchtliche Ausmaße an, auch Subventionen halfen dem chronisch kranken Patienten nicht auf die Beine. Kritiker warfen der Gesellschaft vor, sie habe sich zu lange auf ihrem Monopol ausgeruht, habe nur den Rohstoff verkauft, statt gezielte Weiterveredlung zu betreiben. Von rund 8000 Beschäftigten in den besten Jahren ist weit weniger als die Hälfte übriggeblieben, davon arbeiteten 1996 nur noch rund 500 Erwerbstätige in der Grube in Kiruna.

Positive Perspektiven eröffnen sich dadurch, daß sich die LKAB zu einem hochtechnologischen Unternehmen gewandelt hat. Sie hat die weltweit niedrigsten Produktionskosten für Pellets, die aus Magnetit gewonnenen Eisenerzkügelchen, zu bieten. Das Unternehmen profitiert davon, daß während der Umwandlung des Magnetits in die kleinen Kügelchen beim Oxidationsprozeß 62% der erforderlichen Energie entstehen. Produktion und Arbeitsplätze scheinen bis zum Jahr 2015 gesichert. Investitionen in die Erzbahn und in den Ausbau des Hafens von Luleå sind geplant.

Während die Stadt Mitte der 70er Jahre bei meinem ersten Besuch den Eindruck eines gut funktionierenden Gemeinwesens mit einer beachtlichen Infrastruktur hinterließ, in ihrem Zentrum einer mitteleuropäischen Stadt ähnlich, zeigte sich Anfang der 80er Jahre ein Hauch von Verfall. Wohnungen wirkten verwahrlost, neuerrichtete Häuser standen leer, Rolläden waren herabgelassen, im Einkaufszentrum fielen Arbeitslose und Angetrunkene auf. Dies hat sich bis heute nicht wesentlich verändert. Neue Arbeitsplätze in der Industrie sind aber nicht in Sicht. Es gibt inzwischen einige kleine wissenschaftliche Einrichtungen wie das Geophysische Institut, an dem sich Forscher mit dem Nordlicht und den nachtleuchten-

Abb. 5: Schwedisch-Lappland im hohen Norden: eine weite, spärlich besiedelte Naturlandschaft. Sümpfe und lichte Wälder bedecken den größten Teil des Raumes. Krüppelige Zwergbirken kommen kaum über die Schneehöhe des Winters hinaus. Von Abisko aus führt der *Kungsleden,* der Königspfad, in die lappländische Gebirgswelt. Die Wandersaison dauert von Juni bis September, dann wird es Winter.

den Wolken beschäftigen, die Raumforschungsanlage Esrange, von der Forschungsraketen und Ballons in verschiedene Weltraumschichten geschossen werden, die Firma Satellitbild sowie eine glaziologische und naturwissenschaftliche Forschungseinrichtung. Doch bieten alle diese Spezialtätigkeiten nur einigen hundert Personen eine gesicherte Existenz. Von Kiruna als Forschungszentrum zu sprechen, scheint mir ein wenig übertrieben. Stark an Bedeutung gewonnen hat der Tourismus nach der Fertigstellung der von Umweltschützern und Samen abgelehnten Straßenverbindungen von Kiruna nach Narvik, doch die Saison ist sehr begrenzt, und viele Reisende halten sich nur kurz in der Erzstadt auf.

5. Dalarna: Ferien, Folklore und Kunsthandwerk

„Ich bin weder in Rom noch Athen gewesen, ich habe weder auf dem Capitolium noch auf der Akropolis gestanden, aber ich bin in Dalarna gewesen", notierte der dänische Schriftsteller Frederik Barfod 1863. Schwedische Nationalromantiker sahen *„Dalarna som svenskt ideal"*, Dalarna als schwedisches Ideal, ein Schweden im Kleinformat.

Dalarna bedeutet wörtlich übersetzt „die Täler". Gemeint sind die Täler einer Bilderbuchlandschaft zwischen den Zuflüssen des Dalälven, dem Öster- und Västerdalälven. Rund 250 km nordwestlich von Stockholm entfernt liegt die Mittelgebirgslandschaft, die sich bis zur norwegischen Grenze erstreckt und administrativ zur Provinz Kopparberg gehört. Ihre Fläche ist zu 72% bewaldet, Flüsse und Seen nehmen 7% der Gesamtfläche ein, nur 2% entfallen auf das Ackerland. In der Gegend um den Siljansee, dem Herzstück der Traditionslandschaft, wurde seit Jahrhunderten auf fruchtbaren Lehmböden eine verhältnismäßig ertragreiche Landwirtschaft betrieben. Ergänzende Holzwirtschaft und die Produktion einschließlich der Weiterverarbeitung von Eisen führten in den Dörfern, die sich hier herausbildeten, zu einem gewissen Wohlstand. Das Realerbrecht in der Region um den Siljansee, dem zufolge der elterliche Besitz gleichmäßig auf alle Nachkommen verteilt wurde, verringerte die Mobilität der Bevölkerung und trug sicherlich zu einer betont konservativen Grundhaltung der Dalekarlier bei. Es waren immer wieder selbstbewußte Bauern, die in die schwedische Geschichte eingriffen. Gustav Vasa brauchte die Dala-Bauern in seinem nationalen Kampf gegen die verhaßten Dänen. Dickköpfigkeit und Freiheitsdrang der Dalckarlier sind sprichwörtlich; niemals waren sie fremden Herren untertan. Selbstbewußtsein und Eigenwilligkeit spiegeln sich deutlich in den Sitten und Bräuchen der Bewohner wider. Die Landwirtschaft war nie der dominierende Wirtschaftszweig, sondern wurde neben Viehzucht und Waldwirtschaft betrieben. Heute gibt es zwar noch ein paar bewirtschaftete Sennhütten *(fäbodar)*, die meisten sind jedoch zu Freizeitwohnsitzen umgewandelt worden.

Dalarna, das sind aus dem Mittelalter stammende Volkstrachten, die in manchen Gegenden zu besonderen Anlässen getragen werden. Die Frauentrachten sind farbenprächtiger als die der Männer. Je weiter man nach Norden kommt, um so mehr verblassen die Farben.

Dalarna, das sind *spelmansstämmor*, Treffen ganzer Scharen von Spielleuten im Sommer, die Volksmusik auf der Fiedel bieten. 1906 initiierte der Maler Anders Zorn das erste Treffen, um das Interesse an der Volksmusik zu wecken.

Dalarna, das sind *gammelgårdar*, alte Höfe mit eigentümlicher Holzarchitektur, kleine Freilichtmuseen, von denen es rund 50 in der Provinz gibt.

Dalarna, das bedeutet seit jeher *hemslöjd*, kunstgewerbliche Arbeit von Hand, volkstümliches Handwerk, das sich von der ursprünglichen Herstellung einfacher Gebrauchsgegenstände zu einem wichtigen Nebenerwerb vieler landwirtschaftlicher Betriebe entwickelte. Typische *hemslöjd*-Produkte sind Haararbeiten wie Broschen und Schmuck, geflochtene Körbe, besondere Web- und Strickmuster der Provinz oder die berühmten Dalarna-Pferdchen, die einst Bauern ihren Kindern als Spielzeug schnitzten. Nach der Weltausstellung in New York 1939 galt das bunt bemalte Pferdchen als Symbol der lieblichen Landschaft und Schwedens schlechthin.

Dalarna, das ist „Dala- oder Kürbismalerei", eine volkstümliche Malerei zwischen 1780 und 1880; Männer aus dem Volk betätigten sich als Autodidakten, da sie sich mit ihrer Malerei ein Zubrot verdienen wollten oder mußten. Wer es sich leisten konnte, ließ sich seine Möbel oder auch die Wände mit Kürbisbildern ausmalen. Der Kürbis gilt als abgewandeltes Baummotiv, eine charakteristische Dekoration auf den Dala-Bildern, die oft religiöse oder familiäre Themen darstellen.

Dalarna, das ist *Falu rödfärg*, die ochsenblutrote Farbe aus Falun, der ältesten Industriestadt des Landes, mit der seit dem 16. Jahrhundert Häuser und Gebäude in ganz Schweden vor

Witterungseinflüssen geschützt werden. Die Farbe ist ein Nebenprodukt der Kupfergewinnung, die in Falun seit dem frühen Mittelalter betrieben wurde.

Dalarna, das bedeutet *Vasaloppet,* gemeint ist der schon erwähnte legendäre Skilanglaufwettbewerb zwischen Sälen und Mora über 90 km.

Dalarna, das ist fast gleichbedeutend mit Mittsommer. Nirgendwo wird so intensiv gefeiert wie um den Siljansee herum. Je kleiner der Ort, desto ursprünglicher die Feier.

Dalarna, das ist schließlich die Landschaft des Carl Larsson (1853–1919). Gemeint ist der Maler, der sein eigenes Familienglück in idyllischen Heile-Welt-Aquarellen abbildete. Sein anheimelndes Haus in Sundborn blieb nicht ohne Einfluß auf den skandinavischen Wohnstil.

Neben den Vorzügen einer attraktiven Mittelgebirgslandschaft und den verhältnismäßig günstigen Entfernungen für Autotouristen aus den Ballungsgebieten sind es sicherlich die alten Traditionen, die im Zeitalter der Massenproduktion und der Standardisierung viele Schweden ansprechen, denn Dalarna bietet vielen die Möglichkeit, sich in die gute alte Zeit, den *gamla goda tiden,* zurückzuträumen.

Das Binnenklima mit seinen angenehm warmen Sommern und kalten Wintern ermöglicht eine bessere Nutzung der touristischen Infrastruktur als in anderen Landesteilen. Dalarna ist Schwedens Ferienparadies, eben ein Schweden im Kleinformat.

6. Öland und Gotland, arm und reich zugleich

Als der Naturforscher Carl von Linné 1741 die Ostseeinseln Öland und Gotland besuchte, da er im Auftrag des Schwedischen Reichstags eine Art Bestandsaufnahme in den einzelnen Provinzen durchführte, um eine Naturgeschichte des Vaterlandes zu schreiben, zeigte er sich fasziniert vom gegenüber den übrigen Naturräumen des Landes völlig anderen Aufbau der Insellandschaften und ihrer einzigartigen Flora.

Beide Inseln sind geologisch ähnlich aufgebaut: sie ragen als längliche Kalksteintafeln flach aus dem Meer heraus. Auf Öland (ö = Insel) finden sich ferner Sandstein, Ton- und Alaunschiefer – das Alaunsalz war um 1800 ein wichtiges Exportprodukt nach Rußland –, während auf Gotland neben hartem Riffkalk Sandstein und Mergel dominieren.

Ähnlich sind auch die klimatischen Verhältnisse auf den „Sonneninseln der Ostsee". Der Winter ist recht mild. Die Durchschnittstemperaturen des kältesten Monats liegen nur knapp unter dem Gefrierpunkt, während der Sommer mit rund 17°C im langjährigen Mittel kontinentalen Charakter aufweist. Die Niederschläge fallen mit rund 450–500 mm pro Jahr gering aus, so daß häufig im trockenen Frühjahr oder Frühsommer in der Landwirtschaft künstlich bewässert werden muß. Durch intensive Sonneneinstrahlung, die auf den Kalkboden trifft und reflektiert wird, entsteht vielerorts ein heißes Mikroklima mit viel Taubildung, begehrter Feuchtigkeit im trockenen Frühjahr. Das milde, trockene Klima und der kalkhaltige Untergrund prägen die Flora und Fauna der Inseln. Auf Öland findet sich eine Reihe von Vertretern der südosteuropäischen und sibirischen Steppenflora, auf Gotland der südeuropäischen Gebirgsflora. Es ist die Artenvielfalt, die schon von Linné hervorgehoben hat.

Eine Steppenlandschaft von knapp 40 km Länge und 5–9 km Breite mit einer einzigartigen Pflanzen- und Vogelwelt liegt im Südteil Ölands, die Alvar-Heide *(Stora-Alvaret)*. Es lohnt sich, sie zu durchwandern, nicht nur in der Zeit der prächtigen vorsommerlichen Orchideen, von denen etwa 30 verschiedene Arten auf der Insel gedeihen. Die scheinbar so monotone Heidelandschaft entpuppt sich als faszinierendes Lehrbuch der nacheiszeitlichen Klima- und Vegetationsgeschichte mit einem nie geahnten Formenreichtum an der Oberfläche der Karstebene. Ein Gebiet dieser Größe gibt es auf Gotland nicht, aber dort, wo der pure Kalk die Oberfläche bildet, haben Viehverbiß und Holzeinschlag in früheren Zeiten die Vegetationsdecke und damit die Landschaft verändert.

Abb. 6: Auf der Windmühleninsel Öland: Untrennbar mit der Natur- und Kulturlandschaft der Insel verbunden sind die zahlreichen Bockmühlen. Um einen klotzigen Hauptpfahl aus Eiche läßt sich das Gehäuse der Mühle drehen. Von rund 2000 Exemplaren Mitte des 19. Jahrhunderts sind noch rund 350 Windmühlen der alten öländischen Bauernkultur erhalten geblieben, zumeist Getreidemühlen, die heute nicht mehr genutzt werden.

Beide Inseln sind ferner uralte Kulturlandschaften, Vergangenheit und Gegenwart sind eng miteinander verwoben. Auf Öland kennt man rund 10000 Plätze mit Gräbern, Runensteinen, Haus- und Burgresten aus vorgeschichtlicher Zeit. Mehr als hundert Gräber aus der Bronzezeit (1500–500 v. Chr.), meist aus losen Steinen aufgeschichtete Steinhaufen, die auf schwedisch *rös,* auf Öland *rör* heißen, belegen internationale Handelskontakte in jener Zeit. 16 Ruinen mächtiger Fluchtburgen aus den ersten Jahrhunderten n. Chr. sind teilweise freigelegt. Noch beeindruckender erscheint die Kulturgeschichte Gotlands, das als mittelalterliche Schatzinsel immer noch Jahr für Jahr neue Funde freigibt. Hier liefen die Handelswege zwischen dem Norden, Rußland und Asien zusammen. 70% aller in Skandinavien aufgefundenen römischen Denare sind hier dem Erdboden anvertraut worden. Der große Wohlstand brach jedoch im Mittelalter aus, als sich im 12. Jahrhundert ausländische Kaufleute, meist Deutsche aus Westfalen, als Gotlandfahrer bezeichnet, nahe der späteren Stadt Visby niederließen. Neben Lübeck war Visby fast ein Jahrhundert die mächtigste Stadt der Hanse, die bis heute ihren mittelalterlichen Charakter beibehalten hat. Ein Gotlanderlebnis ersten Ranges ist ein Rundgang auf oder entlang der Ringmauer um die Stadt, die einst die Städter vor den lästigen Händlern und Seefahrern vom flachen Lande schützen sollte. Lohnend ist auch ein Besuch der interessantesten von 16 Kirchenruinen allein in Visby wie St. Nicolai, St. Karin, St. Lars, St. Olof oder Helge Ands sowie der erhalten gebliebenen Marienkirche, die einst als Warenlager und Versammlungsort der deutschen Gotlandfahrer diente. Profan- und Sakralbauten innerhalb der Mauern Visbys bezeugen ebenso den Reichtum der Blütezeit wie die rund 90 Landkirchen auf der Insel mit ihren kunstvoll gestalteten Portalen und Wandmalereien, die alle aus der Zeit vor 1360 stammen, bevor der Dänenkönig Atterdag die Insel plünderte. Einige Zeit später versank Visby und mit ihr die Insel allmählich in einen Dornröschenschlaf, aus dem sie allenfalls die jährliche Tourismuswelle in den wenigen Sommerwochen reißt oder ein großes Aufsehen erregender Schatzfund. So entdeckte zum Beispiel ein Bauer namens Per Anders Croon vor etlichen Jahren bei der Feldarbeit 17 Pfund Silberbarren und einige tausend Silbermünzen. Da auch auf Gotland der schwedische Fiskus voll zuschlägt, erhielt Croon von seinen bescheidenen 3600 Kronen Finderlohn im Endeffekt die Hälfte.

Während Gotland sich aufgrund seiner relativ großen Entfernung zum schwedischen Festland als Handelszentrum des Ostseeraums mit weitgehender politischer Eigenständigkeit entwickeln konnte, mußte sich Öland mit nur wenigen Kilometern Abstand zur Ostküste Schwedens immer den Interessen des Festlands unterordnen. Kriegerische Auseinandersetzungen im Grenzraum um Kalmar verschonten Öland nur

Abb. 7: Blick auf die Kalkstein-Ringmauer des mittelalterlichen Visby auf der Insel Gotland. Das 3500 m lange Bauwerk mit seinen 44 Türmen, die zwischen 15–20 m hoch sind, errichteten die Bewohner Visbys im 13. Jahrhundert nicht gegen äußere Feinde, sondern gegen die konkurrierenden Händler und Seefahrer vom flachen Inselland der gotländischen Bauernrepublik.

selten. Eine eigenständige Entwicklung blieb der Insel versagt, die vom 16. bis Anfang des 19. Jahrhunderts als königliches Jagdrevier den Bewohnern kaum wirtschaftliche Aktivitäten ermöglichte. Unvorstellbar muß die Situation auf den *malmar,* den Sandhügeln und wertlosen Böden Mittel- und Südölands, gewesen sein, die von Besitzlosen, Alten, Kranken, Hilfsarbeitern und Handwerkern übervölkert waren. Täglich Salzhering und Kartoffeln, zum Wochenende ein Brei aus den Essensresten der vorhergehenden Tage, das war ihre eintönige Nahrung; geheizt wurde mit „Ölandsbriketts", getrockneten Kuhfladen. Die Insel konnte die rasch zunehmende Bevölkerung nicht mehr ernähren. Auch die über 2000 *stubbkvarnar,* die

Stumpfmühlen der grundbesitzenden Bauern, mahlten nur langsam. Tausende wanderten nach Amerika aus. Heute sind die Hütten und Höfe auf den *malmar* begehrte Sommerhausgebiete.

Die eigenständigere Entwicklung Gotlands zeigt sich nicht zuletzt auch in sprachlicher Hinsicht, da dort der alte gutnische Dialekt bis in die Gegenwart hinein erhalten geblieben ist. Als Symbol für die jahrhundertelange enge Bindung Ölands an Kalmar und das benachbarte Festland läßt sich die 1972 fertiggestellte Brücke über den Sund verstehen, die mit über 6 km Länge Kalmar und Umgebung an die Insel anschließt. Die Anziehungskraft der Provinzhauptstadt als Zentralort für die Inselbewohner ist damit noch größer geworden.

Die gegenwärtigen wirtschaftlichen Strukturprobleme beider Inseln sind beträchtlich und durchaus vergleichbar. Weit über dem Landesdurchschnitt liegt die Arbeitslosigkeit trotz vielfältiger arbeitsmarktpolitischer Maßnahmen, beide Inseln erhalten regionalpolitische Fördermittel. Die Landwirtschaft spielt nach wie vor eine zentrale Rolle für die Beschäftigung. Allein auf Gotland sind in der Land- und Forstwirtschaft rund 4000 Personen, das sind knapp 17% der Erwerbstätigen, beschäftigt (1986), die sich zur Hälfte um Nebeneinnahmen bemühen müssen, auch wenn die Familienbetriebe mit 31 ha im Durchschnitt etwas größer als in Schweden insgesamt sind. In den letzten Jahren entfallen die meisten neuen Arbeitsplätze auf den Inseln auf den stark ausgebauten öffentlichen Dienstleistungssektor. Öland wie Gotland sind abhängig vom Tourismus in den drei Sommermonaten mit einem Boom schwedischer Urlauber im Juli. Eine Ausdehnung der Saison gestaltet sich äußerst schwierig. Billigferienformen wie Jugendherbergen und Campingplätze haben sich in den letzten Jahren dynamisch entwickelt. Wer in den Norden fährt, sucht offensichtlich in erster Linie die Natur. Öland und Gotland haben darüber hinaus noch weit mehr zu bieten.

7. Småland: Emigration, Glas und Wildnis

Man brauche einem Småländer nur ein paar Steine in die Hand zu drücken, schon backe er Brot daraus, heißt es in einer Legende über die Bewohner der „kleinen Lande" (små = klein) zwischen Östergötland und der früheren dänisch-schwedischen Grenze. Fleiß und Erfindungsreichtum waren bitter nötig, um dem nicht gerade üppig ausgestatteten Naturraum mit seinen kleinen, von Steinen und Felsbrocken übersäten Flächen einen bescheidenen Lebensunterhalt abzutrotzen. Mitleidvoll galt die Provinz in den Augen der Schweden als „dunkelstes Småland", eine Anspielung auf finstere Wälder, weit verstreut liegende Elendshütten und Kleinbauernhäuser, lange Zeit ein Synonym für Elend schlechthin. Nicht von ungefähr kennt man in Schweden das Sprichwort „Vor Gott sind wir alle nur Smålänningar."

Als religiös und gottesfürchtig bekannt, pilgerten die Småländer im Mittelalter in Scharen nach Rom und Jerusalem, jede Reisegruppe angeführt von einem Priester, an den man offensichtlich keine besonders hohen Bildungsanforderungen stellte. Wer das Priesteramt anstrebte, sollte nach småländischem Kirchengesetz „kein Mörder oder Totschläger sein, kein Kirchendieb oder Kloster-Ausreißer, kein Spieler oder Trinker, kein sittenloser Lebemann oder Zuhälter. Rein soll der sein, der Gott dient".

War es Zufall, daß die Abstinenzbewegung, die sich als Antwort auf die Alkoholsucht des schwedischen Volkes im 18. und 19. Jahrhundert verstand, vor allem von Småland ausging? Es war Peter Wieselgren, ein småländischer Pfarrer, der eines Sonntags in die Kirche kam und seine Gemeinde einschließlich Kantor im Vollrausch vor sich hinlallend vorfand. Pastor Wieselgren lief Amok und zerschlug die mitgebrachten Branntweinfäßchen, um seinen Schäfchen anschließend die Leviten zu lesen. Da er seine Schutzbefohlenen aber gut genug kannte, wollte er sie nicht gleich überfordern und verlangte nicht völlige Enthaltsamkeit, sondern Nüchternheit während des Gottesdienstes; er betonte, wie sinnvoll es doch sei, auch zu anderen Tageszeiten oder gar eine ganze Woche lang dem Alkohol zu entsagen. Nach anfänglichen Erfolgen der Abstinenzbewegung zog wenige Jahre später der Alkohol die meisten wieder in seinen Bann.

Nach einer Mißernte im Jahre 1863 schwoll die Auswanderung schwedischer Emigranten nach Amerika an. Viele Auswanderer stammten aus dem kargen südschwedischen Hochland; mit rund einer Viertelmillion Auswanderern im 19. Jahrhundert gehörte Småland zu den am stärksten betroffenen Landschaften. Ein realistisches Bild der schwedischen Emigration des 19. Jahrhunderts zeichnet der bekannte Schriftsteller Vilhelm Moberg in seiner auch ins Deutsche übertragenen Tetralogie „Der Roman von den Auswanderern" (1949–59 erschienen), die die Massenwanderung am Beispiel einer Gruppe småländischer Emigranten behandelt. Es geht um das Schicksal von Kristina und ihrem Mann Karl-Oskar. Moberg berücksichtigt mit seinem Erfolgsroman nach eigener Auskunft „das größte Ereignis in der neueren schwedischen Geschichte", was in den Geschichtsbüchern und in der Literatur bis dahin nicht der Fall war. Erst in den letzten Jahren zeigt die Forschung ein größeres Interesse an der Auswandererproblematik.

Vor der Emigrationswelle nach Nordamerika spielten bereits Erz, Holz und Glas eine wesentliche Rolle im Wirtschaftsleben Smålands. Die Eisengewinnung der Bauern ließ größere Hüttenanlagen entstehen, die spätestens im 18. Jahrhundert der starken mittelschwedischen Konkurrenz nicht mehr gewachsen waren. Die örtlichen Erzlager bildeten die Basis für die ältesten Gruben und Schmelzen des Landes. Als Alternative zur unrentablen Eisengewinnung wandte man sich in Småland der Glasproduktion zu, die in Schweden seit den Zeiten Gustav Vasas an Hof und Hochadel gebunden war. Auch im Gebiet der „kleinen Lande" holte man sich anfangs Glasbläser aus dem Ausland, vor allem Böhmen. Als Glasreich bezeichnet man heute die Region zwischen Kalmar und Växjö, in der die berühmtesten Glashütten der Welt liegen. Namen wie Orrefors, Boda oder Kosta haben wegen ihres originellen Designs einen guten Klang. Tonangebend bis in die 1950er Jahre, beschäftigte die Manufaktur Orrefors bekannte Künstler wie Simon Gate, Edward Hald, Sven Palmquist und Nils Landberg. Vor allem die Graal- und Ariel-Gläser mit ihren Luft- und Farbblasen in der Glasmasse gelten als technische und künstlerische Besonderheit, die die Manufaktur weltberühmt machten.

Vom Zündholz bis zum Fertighaus reicht die Palette der Holzprodukte, denn für eine Reihe anderer Industrien ist Holz der wichtigste Rohstoff. Typisch für Småland sind Kleinindustrien auf der Grundlage handwerklicher Traditionen sowie eine Kombination von Land- und Forstwirtschaft. In der kurzen Sommersaison gewinnt der Tourismus zunehmend an Bedeutung. Die lange gültige Vorstellung vom dunklen Småland trifft im Schwedensommer absolut nicht zu. Wälder, Wildnis, unzählige Seen, Ostseestrände und Schären, von Steinmauern umgebene Wiesen und Weiden in der Zeit der Lichtflut lassen Småland als liebliches Sommerparadies erscheinen, das für ausländische Reisende von den Fährschiffanlegern gut zu erreichen ist.

8. Schonen, verdächtig nah an Dänemark

Fährt man durch die südlichste Provinz Schwedens, fühlt man sich in vielerlei Hinsicht an einige der benachbarten Inseln Dänemarks erinnert. „Skåne" (gesprochen Skone), eher bekannt als Schonen, stand bis Mitte des 17. Jahrhunderts unter dänischem Einfluß. Zahlreiche Dorfkirchen im dänischen Stil mit mächtigem Turm und typischem Treppengiebel erinnern ebenso daran wie der auch von vielen Schweden außerhalb der Südprovinz als eigenartig empfundene Dialekt mit seinen breiten Diphthongen, der gleichfalls ein Relikt der Dänenherrschaft ist.

Daß Schonen eine Art Übergangsgebiet vom Kontinent nach Skandinavien darstellt, kommt nicht von ungefähr, denn

in den Phasen der Entstehung der Ostsee gab es vor der sogenannten Ancylus-Zeit vor einigen tausend Jahren eine Land-
verbindung zwischen Fünen, Seeland und Schonen, als die
Ostsee noch über Mittelschweden mit der Nordsee in Verbindung stand, bis die flachen dänischen Meerengen und der heutige Küstenverlauf sich herausbildeten. Das Klima im sonnigen
Süden des Nordens ist ausgesprochen mild, die Vegetations-
periode dauert länger als in anderen Teilen Schwedens. Es sind
vor allem eiszeitliche Ablagerungen, fruchtbare Moränenböden, die eine Parklandschaft mit großflächigen Getreidefel-
dern, grünen Wiesen und kleinen Laubwäldern entstehen ließen, in der auch Gutshöfe und Herrensitze an Dänemark erinnern. Dänischen Ursprungs waren allerdings ebenso die Feudalisierung des Grundbesitzes und die Einführung der Leibei-
genschaft im Spätmittelalter.

Aufgrund seiner Naturausstattung galt Schonen immer
schon als Kornkammer, mal für Dänemark, später für Schweden, das ohne seine Südprovinz im Agrarbereich nicht weitgehend Selbstversorger wäre, denn auf 2% der Landesfläche
werden mehr als 25% der landwirtschaftlichen Erträge erzielt.
Hier liegen die Zentren der schwedischen Lebensmittelindu-
strie; von hier aus verbreiten sich Innovationen in Saatzucht
und Anbau.

Zum Armenhaus gehörte Schonen auch im Mittelalter nicht,
denn die legendären Heringsschwärme an den Küsten des
Südzipfels lockten die Hansekoggen an und ließen Handels-
und Handwerkerstädte entstehen. Von der heutigen Universitätsstadt Lund, die schon 1103 zum Bischofssitz erhoben wurde, ging einst die Christianisierung des Nordens aus. Malmö
konnte ihr nie den Rang als Kulturzentrum des Südens streitig
machen.

Im Zuge fortschreitender Industrialisierung zog es immer
mehr Menschen in das Gebiet zu beiden Seiten des Öresunds,
der seit dem Friedensschluß von Roskilde 1658 die politische
Grenze zwischen den Erzfeinden Dänemark und Schweden
bildet. Der Anteil der Öresundbevölkerung, also der Bewohner Nordseelands und Schonens, nahm im letzten Jahrhundert

ständig zu, so daß inzwischen jeder fünfte Bewohner Dänemarks und Schwedens in der Öresundregion lebt. Die dynamische Entwicklung beider Teilräume in der Nachkriegszeit erforderte eine intensivierte Zusammenarbeit, ohne daß eine Integration der beiden binationalen Räume erfolgt ist. Mit dem Beitritt Dänemarks zur EWG 1973 war der Öresund nicht länger nur Grenze zwischen zwei Nationen, sondern europäisches Grenzgebiet. Ein Freihandelsabkommen zwischen Schweden und der Europäischen Gemeinschaft hat jedoch wesentliche Handelshemmnisse abbauen können.

Die Utopie einer „Örestad" bezeichnet in den 60er Jahren ein städtisches Verdichtungsgebiet beiderseits des Sunds ohne konkrete geographische Abgrenzung. Ausgehend von einer stärkeren Verflechtung des Wirtschaftslebens und der kulturellen Kontakte, sollte die „Örestad" um das Jahr 2000 mit rund 4 Millionen Einwohnern das größte und bedeutendste Stadtsiedlungsgebiet des Nordens sein, und zwar nicht als Konkurrent zu den übrigen, wesentlich kleineren Großstadtregionen Nordeuropas, sondern als Gegengewicht zu den günstiger gelegenen Agglomerationen auf dem europäischen Kontinent wie Hamburg. Das Kernstück der Integrationsbemühungen, eine feste Verbindung über den Öresund, ist zwar immer noch nicht verwirklicht, doch dürfte das Brücken- und Tunnelprojekt zwischen Malmö und Kopenhagen im Jahre 2000 fertiggestellt sein (s. S. 114).

Daß eine feste Öresundverbindung noch lange keine zusammenhängende Stadteinheit mit rund 3 Millionen Einwohnern entstehen läßt, zeigt die Entwicklung der letzten Jahre. Die Bevölkerungsentwicklung ist wesentlich ruhiger verlaufen als erwartet. Ferner liegen beide Teilräume in der Industriebeschäftigtenentwicklung in letzter Zeit deutlich unter dem Landesdurchschnitt, einzelne Gebiete sind wirtschaftliche Krisenräume geworden. Erstaunlich gering ist auch die Zahl der Berufspendler über den Öresund. Nach realistischen Schätzungen pendeln gegenwärtig nicht mehr als 1000 Erwerbstätige über die Meerenge. Aufwendige Reisezeit und -kosten, kulturelle Unterschiede, vor allem in sprachlicher Hinsicht, sowie wenig Wissen über die jeweilige Gegenseite sind die wesentlichen Ursachen für nur geringe Pendelwanderungen über den Sund, ein Beleg für die trennende Funktion der Grenze und die minimale wirtschaftliche Verflechtung beider Teilräume. Von einem Einheitsbewußtsein ist in weiten Kreisen der Bevölkerung nichts zu spüren. Das Jahrhundertprojekt einer festen Öresundverbindung kann allenfalls ein Impuls auf dem Weg zur Integration beider Sundhälften sein. Voller Optimismus sieht der Präsident des Arbeitgeberverbandes die Zukunft der Region. Die Grundidee der Brückenverbindung sei vor allem die der regionalen Dynamik. In etwa zehn Jahren werden, meint er, 50 000–100 000 Menschen mehr in der Region Malmö leben. Es werde mehr kleinindustrielle Betriebe geben, in den Bereichen von Forschung und Entwicklung werde man vorn liegen und vor allem die Logistik-Branche werde Malmö entdecken.

IX. Sprache und Literatur

1. Schwedisch: kein (großes) Problem

Wenn man eine nordische Sprache erlernen möchte, spricht einiges dafür, das Schwedische zu wählen. Zum einen wird es von Norwegern und Dänen verstanden, und selbst in Finnland, dessen Sprache finnisch-ugrischen Ursprungs ist und ganz aus dem nordgermanischen Sprachkreis herausfällt, kann man Schwedisch gebrauchen, da 7% der Finnen im Süden und Südwesten sowie die auf den Ålandinseln lebenden Finnland-Schweden es als Muttersprache sprechen. Viele Orte sind zweisprachig; Straßenschilder oder Ladeninschriften deuten darauf hin.

Schwedisch läßt sich für einen Deutschen leichter erlernen als viele andere Sprachen, da es eine germanische Sprache ist, die zudem in der Vergangenheit, vor allem im Spätmittelalter, vom Deutschen beeinflußt worden ist. Beide Sprachen haben einen beachtlichen gemeinsamen Wortschatz aufzuweisen. Wer einen schwedischen Text liest und den Zusammenhang kennt, kann leicht einige Wörter und Sätze verstehen (z.B. *bok*-Buch, *hus*-Haus, *arbeta*-arbeiten oder *hur mycket kostar?* – Was kostet . . .?). Sobald man nur ein paar Brocken schwedisch von sich gibt, weckt das meist Neugierde auf der Gegenseite; der erste Kontakt ist hergestellt.

Die eigentliche Schwierigkeit stellt die Aussprache dar, die teilweise deutlich von der geschriebenen Sprache abweicht. Sie führt bei Lernanfängern zunächst zu gewissen Frustrationen, wenn der Schwede auf eine Standardfrage wie ein Wasserfall losprudelt, bis sein Gegenüber sein *Jag förstår inte* (Ich verstehe nicht) anbringt. Schwedisch nur nach Lehrbüchern zu lernen ist daher eher schwierig. Ich selbst war nach zwei Kursen an der Uni Bochum mit nur zwei Wochenstunden so weit, daß ich meine ersten größeren Erfolgserlebnisse während und nach einem 3-wöchigen Intensivkurs an der Uni Uppsala hatte. Nichts ersetzt den direkten Kontakt mit den Menschen des Landes. Sommerkurse in Uppsala, Stockholm, Göteborg und Lund haben Tradition. Über ein ausgesprochen vielseitiges Kursprogramm informiert das Schwedische Institut, Svenskundervisningsenheten, S–10391 Stockholm.

Hauptkennzeichen dieser lebendigen Sprache ist der Buchstabe å (o gesprochen), der auch im Norwegischen und Dänischen vorkommt, ebenso wie der Schlußartikel (*en bil* – ein Auto, *bilen* – das Auto, *bilar* – Autos, *bilarna* – die Autos). Wer in einem schwedisch-deutschen Wörterbuch nachschlägt, muß berücksichtigen, daß die Schriftzeichen å, ä und ö immer am Ende des Alphabetes stehen. Q und w kommen nur noch in Eigennamen vor.

Hej sagt der Schwede, wenn er jemanden trifft, gleich zu welcher Tageszeit, *hej då*, wenn man auseinandergeht, vorausgesetzt man duzt sich. Ansonsten gebraucht man *goddag* und *adjö* (Auf Wiedersehen). Das wohl am häufigsten ausgesprochene Wort dürfte aber *tack* sein (danke oder auch bitte). In einem Kaufhaus sagt die Verkäuferin *tack*, wenn sie dem Kunden etwas zeigt, *tack, tack*, wenn sie das Geld entgegennimmt.

Manches ist *annorlunda* (anders) im Schwedischen; so bezeichnet *öl* das Bier, *halmstrå* ist ein Strohhalm, und *kostym* meint einen Herrenanzug.

Daß gleiche oder ähnliche Sprachzeichen wie im Deutschen eine ganz andere Bedeutung haben können, erfuhr ich gleich zu Beginn meines ersten Aufenthaltes in Schweden. Auf die Frage „*Ska vi gå och svimma?*", die ich an meinen Freund Hasse gerichtet hatte, um zu erfahren, ob wir nicht schwimmen gehen sollten, schaute dieser mich entsetzt an. Ich hatte *svimma* (ohnmächtig werden) mit *simma* (schwimmen) verwechselt.

Ein besonderes Kapitel sind die Anredeformen. Das „*du*" ist viel gebräuchlicher (gesprochen: dü) als bei uns. *Ni* (Sie) dagegen sagt der Schwede im Falle unpersönlicher Kontakte, etwa auf der Post, beim Einkauf oder wenn er eine Telefonauskunft einholt. Gelegentlich konnte ich feststellen, daß jüngere

Menschen aus Achtung vor älteren Menschen diese mit *ni* ansprachen. Aus einer gewissen Unsicherheit heraus umgeht man mitunter das *ni,* indem man unpersönliche Formulierungen wählt wie zum Beispiel: *Vad menar doktorn?* (Was meinen Sie, Herr Doktor?) oder *Vad ska herr Nilsson ha?* (Was möchten Sie, Herr Nilsson, haben?).

Die Schriftsprache nähert wie im Deutschen oder Englischen sich mehr der gesprochenen Umgangssprache an. So wurde zum Beispiel aus *dagen,* der Tag, in der Alltagssprache *dan* oder aus *mekanikerverkstad* das verkürzte *mekarverksta.*

2. Ecksteine der schwedischen Literatur

Erste „literarische" Zeugnisse auf dem Gebiet des heutigen Schweden finden sich schon vor der Christianisierung, und zwar auf zahlreichen Runensteinen. Im Mittelalter bestand „Literatur" zunächst v. a. aus Gesetzestexten wie den „Landschaftsgesetzen". Unter der heiligen Birgitta (1303–73) von Vadstena erreichte dann die lateinische geistliche Dichtung ihren Höhepunkt. Ihre Offenbarungen, die teilweise in altschwedischer Sprache abgefaßt sind, wurden in fast alle Sprachen Europas übertragen. In der Zeit der Reformation lebte Olaus Petri (1493–1552), dessen Übersetzung des Neuen Testaments 1526 erschien. Er gilt in seiner Rolle als religiöser Schriftsteller und Historiker als Begründer einer neuen Literatursprache des Landes.

Als erster „Kunstdichter" in der schwedischen Literatur wird Georg Stiernhielm (1598–1672) bezeichnet, der in der Großmachtzeit am Hofe der Vasa schrieb. Ganz dem Gedankengut der Aufklärung verpflichtet war Olof von Dalin (1708–73), der die moralische Wochenschrift „Der schwedische Argus" herausgab. Seinen festen Platz in der schwedischen Literaturgeschichte hat auch Carl von Linné (1707–78), der Botaniker und Entdeckungsreisende, der als Naturwissenschaftler schon zu Lebzeiten eine Berühmtheit in Europa war. Als größten Dichter des 18. Jahrhunderts sehen viele Carl Michael

Bellman (1740–95), der in seinen Liedern das Leben im Stockholm in der Zeit Gustavs III. schildert. Auch 200 Jahre nach seinem Tod ist der Nationaldichter, dessen Sprache und Dichtkunst Eingang in die Weltliteratur gefunden haben, ungeheuer populär im Lande.

Unter dem „Theaterkönig" Gustav III., der selbst Dramen und Opern schrieb, wurden die Stockholmer Oper und das Theater sowie die Schwedische Akademie gegründet, zu deren ersten Mitgliedern der zeitgenössische Satiriker Johan Henric Kellgren (1751–1795) zählte. Bekannter, weil auch in Deutschland seinerzeit viel gelesen, ist der Klassiker der schwedischen Literatur, Esaias Tegnér (1782–1846).

Die große literarische Persönlichkeit der zweiten Hälfte des 19. Jahrhunderts ist zweifellos August Strindberg (1849–1912), der die Entwicklung des Dramas vom Expressionismus bis zum absurden Theater stark geprägt hat. Dramen wie „Fräulein Julie" und „Ein Traumspiel" werden auch heute auf den Bühnen der Welt aufgeführt. Strindberg selbst sah sich jedoch vor allem als Maler. Eine der am meisten gelesenen Dichterinnen des Nordens in Deutschland ist Selma Lagerlöf (1858–1940), die im Unterschied zu Strindberg sogar den Nobelpreis erhielt. Bekannt wurde sie vor allem mit ihrem Värmland-Roman „Gösta Berlings Saga". Das Kinderbuch „Die wunderbare Reise des kleinen Nils Holgersson mit den Wildgänsen", ein Bestseller damals wie heute, war ursprünglich als volkstümliches Erdkundewerk geplant.

In Deutschland viel zu wenig bekannt sind die Erzähler des 20. Jahrhunderts wie Hjalmar Bergman (1883–1931), der 1951 mit dem Nobelpreis ausgezeichnete Per Lagerkvist (1891–1974), Eyvind Johnsson (1900–1975), Vilhelm Moberg (1898–1973) mit seinen Auswanderer-Romanen, Harry Martinson (1904–1975), Stig Dagerman (1923–1954) sowie Gegenwartsautoren wie Per Olof Sundman, Sara Lidman, Jan Myrdal, Lars Gustafsson und Sven Delblanc. Großer Beliebtheit beim schwedischen Lesepublikum erfreuen sich die sozialkritischen Kriminalromane von Mai Sjöwall/Per Wahlöö und Lars Molin sowie die Agentenromane von Jan Guillou. Zu den auch im

Ausland erfolgreichen Theaterautoren der Gegenwart gehören Lars Norén und Per Olov Enquist.

Im Bereich der Lyrik begann eine große Tradition mit Gustaf Fröding (1860–1911) und Erik Axel Karlfeldt (1864–1931), die u. a. über Karin Boye (1900–1941) bis hin zu Tomas Transtömer führt, dessen Gedichte in 43 Sprachen übertragen worden sind. Unübertroffen an Popularität und Auflagenstärke im In- und Ausland sind natürlich die Kinderbücher Astrid Lindgrens (geb. 1907). Mit deren Helden Pipi Långstrump, Nils Karlsson-Pyssling, Kalle Blomquist oder den Bröderna Lejonhjärta haben sich Generationen von Kindern vergnügt.

Doch für die meisten Autoren, die nicht übersetzt werden, ist es schwierig, sich auf dem kleinen Markt zu behaupten. 1995 wurden von jedem 10. Buch innerhalb von zwei Jahren weniger als 300 Exemplare, von gut der Hälfte aller Bücher weniger als 1000 Exemplare verkauft. Staatliche Unterstützung können Verlage im Bereich der Belletristik bekommen, wenn die Auflage bei 1500 (bei Lyrik 750) Exemplaren liegt. Daß in Norwegen die großen Buchverlage in jüngster Zeit mühelos norwegische Belletristik ins Ausland verkaufen und norwegische Autoren weltweit gefragt sind, liegt wesentlich an dem norwegischen Erfolgsautor Jostein Gaarder und seinem dänischen Kollegen Peter Hoegh, die der Welt die Augen für die skandinavische Literatur geöffnet haben – vielleicht auch für die schwedische?

X. Typisch schwedisch . . .

1. Branntwein, Bratt und Bürokratie

„Schweden unter dem Trauma weitverbreiteter Trunksucht", „Schweden: Ein Kampf um Alkohol". So oder ähnlich lauten immer wieder die Schlagzeilen zur Alkoholproblematik im nordischen Wohlfahrtsstaat. Kein anderes Thema, nicht einmal die ständige Auseinandersetzung über die Steuern, ist während des gesamten 20. Jahrhunderts politisch so kontrovers und emotionsgeladen diskutiert worden. In keinem anderen führenden Industrieland der Welt greift der Staat über seine Alkoholpolitik in die Privatsphäre des Individuums so rigoros ein. In keinem anderen Land gibt es über die Parteigrenzen hinweg eine so massive Parlaments-Lobby gegen jede Art von Alkoholika wie in Schweden. Dabei erscheint die gegenwärtige schwedische Alkoholpolitik, verglichen mit der Situation in der ersten Hälfte dieses Jahrhunderts, als Ausbund an Liberalismus.

Jeder Schwedenreisende wird schnell mit „einem der größten sozialen und medizinischen Probleme des Landes", so eine Enquete-Kommission, konfrontiert. Betrunkene fallen in der Öffentlichkeit eher auf, da es in einem Land ohne Kneipen auch keine Theken gibt, an denen man sich festhalten kann. Um Suff und Tätlichkeiten auf den Ostsee-Fähren in den Griff zu bekommen, gibt es eigens eine Gesetzgebung, die den Verkauf zollfreier Waren an Bord der Fähren erheblich einschränkt. Stewardessen drücken sich um ihren Dienst auf einer Flugstrecke von oder nach Schweden, auf der Passagiere sich in kurzer Zeit vollaufen lassen, sind sie erst einmal „Verbots-Schweden" entronnen. In südlichen Gefilden sind die Skandinavier wegen ihres ungezügelten Alkoholkonsums in ihren Urlaubskolonien berüchtigt.

Wie sieht die gegenwärtige Alkoholpolitik in einem Land aus, in dem viele Menschen ein sehr verkrampftes Verhältnis zum Alkohol haben, obwohl die Schweden mengenmäßig weniger trinken als die meisten anderen Europäer? In einem Vergleich mit 37 anderen Ländern nehmen die Nordländer nur Rang 30 ein.

Der Staat besitzt landesweit das Monopol des Alkoholverkaufs. Längst nicht jedes Hotel oder Restaurant hat eine Schankkonzession. Und Wein, Spirituosen und unser Normalbier gibt es nicht in Kaufhäusern, Supermärkten, Lebensmittelgeschäften oder an Kiosken zu kaufen, sondern nur im staatseigenen *systembolaget.* Diese unscheinbaren Verkaufslokale, die eher an Apotheken vergangener Zeiten erinnern, sollen nicht zum Verkauf animieren. Aufklärung und Antiwerbung – die Werbung für Alkoholika ist grundsätzlich untersagt – bestimmen die Auslagen. Bekannte Größen des Sports warnen zum Beispiel vor den Risiken übermäßigen Alkoholgenusses gerade im Sommer; die Schweden sollen umerzogen werden, indem sie weg von den harten Getränken zum zivilisierten Umgang mit Wein und Bier angeregt werden. Leitziel der Alkoholpolitik ist seit Jahrzehnten die Begrenzung des Gesamtverbrauchs, denn nach einer einfachen Formel ist die Zahl der Alkoholiker höher, wenn der Gesamtkonsum ansteigt. Statistiker schätzen die Zahl der Alkoholabhängigen auf 300 000. An restriktiven Maßnahmen, die den Mißbrauch und seine negativen Folgewirkungen eindämmen sollen, lassen sich die zuständigen Behörden eine Menge einfallen. Um im *systembolaget,* das samstags und an Nachmittagen vor Feiertagen geschlossen bleibt, einkaufen zu können, muß man mindestens 20 Jahre alt sein. Als schärfste Waffe fungiert die Alkoholsteuer. Die Preise haben es in sich; je hochprozentiger ein Getränk, desto höher der Preis. Eine Dose Bier kostet 3–4 DM, für eine Flasche Cognac der preiswertesten Sorte muß man 50–60 DM und mehr auf den Tisch legen, denn bis zu 90% des Preises fließen ins Steuersäckel. Einige Prozent seiner nicht geringen Steuereinnahmen erzielt Vater Staat aus der Besteuerung alkoholischer Getränke.

Nach hitzigen, monatelangen Debatten in der Öffentlichkeit wurde 1977 das sogenannte *mellanöl* aus dem Verkehr gezogen, ein Bier mittlerer Stärke mit einem Alkoholgehalt von 3,6 Gewichtsprozent. Ersetzt wurde es durch das *folköl,* ein Bier mit 2,8 Gewichtsprozent Alkohol. Nach Ansicht der Befürworter der leichteren Biersorte hatten vor allem zu viele Jugendliche zuvor Mißbrauch mit dem *mellanöl* getrieben, das außerhalb der staatlichen Verkaufsstellen vertrieben wurde.

Die Situation der Gegenwart ist nicht ohne die Vergangenheit zu verstehen. Im vorigen und vorvorigen Jahrhundert war der Alkoholmißbrauch eine Volksseuche, deren Ursache man nicht monokausal erklären kann. Das harte Klima, lange dunkle Wintermonate, nackte Armut, Einsamkeit in menschenleeren Räumen werden häufig zur Erklärung angeführt. Die bedeutende Abstinenzbewegung, der Guttemplerorden und die Arbeiterbewegung haben im 19. Jahrhundert gegen die verbreitete Trunksucht angekämpft. Mit den Abstinenzlern als stärkster Kraft im Reichstag drohte Schweden 1922 die Prohibition. Nach einer Volksabstimmung entschied man sich mit knapper Mehrheit für das sogenannte Bratt-System, benannt nach einem Stockholmer Arzt. Eine staatseigene Gesellschaft besorgte den Handel mit Alkoholika; ein Einkaufsbuch, das *motbok,* das es bis 1955 gab, begrenzte den Konsum jeder Person über 25 Jahre auf maximal vier Liter Spirituosen pro Monat. Bürokratie und Kontrollorgane begannen zu wuchern ...

Die schwedische Sozialgeschichte der letzten hundert Jahre ist immer auch eine Geschichte von Branntwein, Bratt und Bürokratie.

Um seine restriktive Alkoholpolitik nicht aufgeben zu müssen, hat Schweden in den Verhandlungen zum EU-Beitritt Sonderbedingungen für die Einfuhr von Alkoholika nach Schweden durchgesetzt. Wer in das Land einreist, darf demzufolge nicht mehr als einen Liter Alkohol, 5 Liter Wein und 15 Liter Bier *(starköl)* einführen. Unter Hinweis auf die Volksgesundheit will Schweden gegenüber der EU-Kommission weiterhin an Restriktionen festhalten, wenngleich weitere Zugeständnisse zu erwarten sind. In Südschweden ist die schwedische Alkoholpolitik längst außer Kraft gesetzt, denn dort haben die Zollbestimmungen nach dem EU-Beitritt des Landes zu einem merkwürdigen „Biertourismus" zwischen dem dänischen Helsingör und dem schwedischen Helsingborg geführt. Jugendliche kommen in Charterbussen, um das preiswertere Bier in Dänemark zu kaufen. Im Sommer 1996 schätzte man beim Zoll in Helsingborg, daß täglich 360 000 Flaschen Bier auf diesem Weg nach Schweden importiert wurden.

Zwar hat *Systembolaget* auch weiterhin in Schweden das Einzelhandelsmonopol für den Verkauf von Alkoholika, doch weiß man dort, daß inzwischen der illegale Handel etwa die Hälfte dessen beträgt, was der Monopolist , dessen Produkte mit einem Steuersatz zwischen 60 und 90% belegt sind, an Alkohol vertreibt.

2. Johansson, Andersson, Karlsson und Nilsson

Nein, Svensson ist nicht der häufigste schwedische Familienname, obwohl Svensson, genauer Sven Svensson, als Durchschnittsschwede in allen denkbaren Statistiken und Untersuchungen, von denen es in Schweden eine Unmenge gibt, auftaucht. In der Rangliste schwedischer Familiennamen steht Svensson erst an 9. Stelle. Unangefochten nehmen die Johanssons mit knapp 400 000(!) Namensträgern den ersten Platz ein, gefolgt von den Anderssons, Karlssons und Nilssons.

Daß die Vorfahren es sich mit der Namengebung recht einfach gemacht haben und häufig nur die *son*(Sohn)-Endung an den jeweiligen Vornamen anhängten, bereitet ihren Nachfahren häufig Kopfschmerzen. Wenn man in einer Stadt wie Stockholm einen Blick ins Telefonbuch wirft und mehr als zehntausendmal der Name Andersson erscheint, bekommt man eine Vorstellung davon, wie schwierig es sein kann, die gemeinte Person aus der Anonymität der Namen herausfindig zu machen. Differenzierende Berufsangaben helfen nur selten weiter. So wird verständlich, daß jedes Jahr rund 4000 Schweden bei den zuständigen Behörden einen neuen

Namen beantragen, um nicht mehr zu den rund 40% der Bevölkerung zu gehören, die einen der zehn gängigen *son*-Namen tragen. Ein Gesetz aus dem Jahr 1963 gestattet jedem, „dessen Familienname nicht hinreichend unterscheidend oder sonst weniger dienlich ist", diesen zu ändern. Als Dienstleistung für die Namensuchenden hat der für alle und alles sorgende Staat seit 1920 ständig erweiterte Namenslisten erstellt, die dem frustrierten Schweden eine Auswahl aus mehreren zehntausend möglichen Nachnamen bieten.

Für etwas mehr Abwechslung und Differenzierung sorgten Namensbildungen, die von Ortsnamen abgeleitet sind. Die einfachen Namen wie Berg (Berg), Dal (Tal), Ek (Eiche), Strand (Strand) und Vall (Wall/Heide) finden sich häufig in Zusammensetzungen wie z.B. Berglund, Dalgren, Dalberg usw. Endungen klassischen Ursprungs stammen aus dem 17. und 18. Jahrhundert und finden sich in Namen wie Runius, Norelius oder Tegnér. Mit der Öffnung Schwedens zum Einwanderungsland gelangt eine Fülle neuer Namen in die Riege der Johanssons, Anderssons, Karlssons und Co.

3. Vasa-Lauf und Breitensport

Schweden gehört ohne jeden Zweifel zu den führenden Sportnationen der Welt. Neben vielen olympischen Erfolgen – in der Ländertabelle aller an den modernen Spielen teilnehmenden Nationen nimmt Schweden den vierten Platz hinter den USA, der UdSSR/Rußland und Großbritannien ein – sind es in erster Linie Sportarten wie Fußball, Tennis, Eishockey, Tischtennis und Skifahren, in denen einzelne Athleten oder Mannschaften zur absoluten Spitze gehören. Einen triumphalen Empfang bereitete die Öffentlichkeit der Eishockeynationalmannschaft „Tre Kronor", die bei der Winterolympiade in Norwegen 1994 Gold errungen hatte. Mit großem Interesse verfolgt man die Spiele in der NHL, der Eishockeyliga der USA und Kanadas, in der viele schwedische Profis ihr Geld verdienen. Im Tennis dominierten jahrelang schwedische

Tennisspieler die Weltrangliste, im Tischtennis gehören die Schweden immer noch zu den Weltbesten. Populär geworden ist der Golfsport, vor allem dank Spielerinnen wie Liselotte Neumann und Annika Sörenstam. Im alpinen Skisport ist seit Jahren Pernilla Wiberg eine feste Größe. Finnland gegen Schweden, das ist immer eine hochnationale Angelegenheit, bei der nicht selten alte Animositäten aufgefrischt werden, auch in anderen Disziplinen wie den jährlich in Stockholm oder Helsinki stattfindenden Leichtathletikwettkämpfen zwischen beiden Nachbarstaaten.

So verwundert die ungeheure Popularität des Breitensports nicht. Urschwedisch ist der an den ersten Vasa-König erinnernde Vasa-Lauf (s. S. 16), der jedes Jahr am ersten Sonntag im März Tausende von Ski-Enthusiasten nach Dalarna lockt. Die 90 km lange Marathonstrecke von Sälen nach Mora bewältigt die Elite in etwas mehr als vier Stunden. Da auch Ausländer startberechtigt sind, kommt es gelegentlich vor, daß das von der ganzen Nation verfolgte Ereignis nicht immer mit dem erhofften schwedischen Sieg endet. Wenn auch nicht mit dem Siegerkranz auf den Schultern, so doch als Sieger kam König Carl Gustaf vor einigen Jahren nach seinem zweiten Vasa-Lauf in Mora ins Ziel, den er außer Konkurrenz zwei Tage nach dem Hauptereignis in beachtlichen sieben Stunden absolvierte. Einem Sicherheitsbeamten war das Schutzobjekt dabei um mehr als eine halbe Stunde davongelaufen.

Neben dem seit 1922 mit 116 Teilnehmern erstmals durchgeführten Vasa-Lauf gehören die Tour „Rund um den Vättersee", an der Tausende von Radfahrern von Motala aus 300 km zurücklegen, das Vansbro-Schwimmen, bei dem im Juli in einem der Flüsse Dalarnas 3 km zurückzulegen sind, der Lidingö-Lauf, ein 30 km-Geländelauf, sowie ein Orientierungslauf mit Karte und Kompaß in den Wäldern Südschwedens zu den klassischen Breitensportveranstaltungen.

25% aller Schweden betätigen sich ein- oder zweimal pro Woche sportlich. Durch Bewegung im Freien will man die körperliche Leistungsfähigkeit verbessern oder erhalten, man betreibt *friskvård*, Gesundheitsförderung. Die schwedische

Naturlandschaft bietet ideale Möglichkeiten; wo nötig, hilft der Mensch nach: Kunststoffzelte über Schwimmbecken und Tennisplätzen verlängern die Saison, Kunsteisbahnen den Winter. Präparierte Wege, die beleuchtet sind, ermöglichen es, auch in der langen, dunklen Jahreszeit aktiv zu bleiben. Als natürliche Eislaufflächen bieten sich die unzähligen Seen an, auf denen Eissegeln und Langstreckenlauf auf Spezialschlittschuhen „in" sind. Beliebt ist neben Eishockey auch *bandy*, eine Art Eishockey mit Elfer-Teams. Geruhsamer geht es beim *pimpling* zu, beim Angeln an Eislöchern auf zugefrorenen Seen. Neben dem traditionellen Skilanglauf gewann nach der großen Zeit des Ingemar Stenmark der Abfahrtslauf zunehmend an Beliebtheit.

Unter dem Motto „Gleichstellung im Sport" wurde und wird die Diskussion um die Gleichstellung von Mann und Frau auch im Bereich des Sports geführt. Daß nicht nur geredet wird, belegt die Entwicklung der letzten Jahre. Obwohl Eishockey ausgesprochen populär ist und im ganzen Land gespielt wird, übersteigt inzwischen die Zahl der Fußballspielerinnen die der Eishockeyspieler in der sportbegeisterten Nation.

4. Walpurgisnacht und Mittsommer

In einem Land, dessen Hauptstadt fast auf demselben Breitengrad liegt wie der Südzipfel Grönlands, sind es die Jahreszeiten, die den Rhythmus des Jahres besonders nachhaltig bestimmen. Dies gilt vor allem für ein Gemeinwesen, das viele Jahrhunderte lang bis vor zwei Generationen wesentlich vom ländlichen Leben geprägt war. Nach dem langen, dunklen Winter und dem kurzen Frühling mit seinen Andeutungen von Licht und Wärme erleben die Menschen im Norden den Sommer besonders intensiv. Keine Jahreszeit hat die Dichter so sehr inspiriert. Eine ganze Nation ändert ihren Lebensstil, der naturverbundene Stadtmensch kehrt für einige Wochen aufs Land zurück und bezieht sein Sommerhaus.

Zu den Bräuchen, die im Freien gefeiert werden und nicht an Heim und Herd gebunden sind, gehören die Walpurgisnacht und das Mittsommerfest. Im schwedischen Kalender trägt die Nacht vom 30. April auf den 1. Mai den Namen *valborgsmässoafton*. Früher ging es darum, Hexen und böse Geister abzuwehren, um Mensch und Vieh vor Schaden zu bewahren. Geblieben ist der Brauch, große Feuer anzuzünden; vor allem aber begeht man ein heiter-fröhliches Fest, Ausdruck der Freude über die Ankunft des Frühlings. Da der Festtag nicht nur fröhlich, sondern auch feucht begangen wird, ist die Bilanz oft ernüchternd. Polizei und Feuerwehr registrieren häufige Einsätze, Trunkenheit und Randale sind an der Tagesordnung.

Primär in den alten Universitätsstädten Uppsala und Lund kommt der Walpurgisnacht als Frühlingsfest immer noch eine besondere Bedeutung zu. In Uppsala versammeln sich die Studenten vor der Carolina Rediviva, der größten Bibliothek des Nordens mit dem legendären Codex argenteus, der Silberbibel. Wenn die Uhr der Domkirche drei schlägt, setzen alle Versammelten gleichzeitig ihre weißen Studentenmützen auf, die als ein Zeichen des Frühlings gelten. Um 21 Uhr ziehen die Studenten dann den Schloßhügel hinauf, um auf dem Schloßhof bei der Gunillaglocke in Liedern und gesprochenen Texten den Frühling zu begrüßen.

Das Fest der Feste begehen die Schweden – in Anpassung an die Erfordernisse der Industriegesellschaft – am Samstag zwischen dem 20. und 26. Juni: Mittsommer, der längste Tag im Kreislauf der Natur, Inbegriff von Licht, Wärme, Leben schlechthin. Überall im Land, auch in den Städten, wird die *majstång* aufgestellt, eine mit Blumen und frischem Grün geschmückte Stange, um die am Abend alt und jung tanzen. Der alte Brauch, von wundersamen Quellen „Kraft in die Knochen" zu trinken, ist heute weitgehend unbekannt. Aber immer noch heißt es, daß Mädchen in dieser Nacht sieben verschiedene Blumen unter ihr Kopfkissen legen sollen, da ihnen dann im Traum ihr Allerliebster erscheint. Besonders bekannt für die traditionsverhafteten Mittsommerfeste sind die Orte am Siljan-See in der Bilderbuchlandschaft Dalarna. Wenn Bier und Schnaps in Strömen fließen, bleibt die Freude unter der *majstång* selten ungetrübt. Prügeleien zwischen den aus den größeren Städten angereisten Rockern und Bewohnern der Umgebung oder unter den Zugereisten selbst gehören inzwischen ebenso zum Mittsommerfest wie die Tatsache, daß die staatlichen Verkaufsstellen für Alkoholika an den Brennpunkten der Festivitäten Tage zuvor geschlossen werden, als müsse und könne der Staat den ungezügelten Alkoholkonsum seiner schutzbedürftigen Bürger bremsen.

5. Alfred Nobel: der Stifter und seine Preise

Alle Jahre wieder bekommen wir am 10. Dezember, dem Todestag von Alfred Nobel, Bilder über die Medien geliefert, die die überaus feierliche Verleihung der Nobelpreise in Stockholm und Oslo zeigen. Mit bis zu knapp 2 Mio. Schwedenkronen dotiert, gelten die Preise als die höchsten zivilen Auszeichnungen der Welt, ihr Prestigewert ist ungebrochen.

Alfred Nobel, der Erfinder des Dynamits, hat mit seiner Entdeckung im vorigen Jahrhundert einen gewichtigen Beitrag zur industriellen Entwicklung der Erde geleistet. Sein Sprengstoff ermöglichte den zügigen Bau von Eisenbahnlinien und Fernstraßen über die Kontinente, Bodenschätze konnten effektiver abgebaut werden. Als der Weltbürger, der nie seine schwedische Staatsangehörigkeit aufgegeben hatte, trotz eines Vermögens von knapp 10 Mio. US-Dollar 1897 einsam und enttäuscht verstarb, hinterließ er ein Testament, das er 1895, da er Rechtsanwälten aus persönlichen Erfahrungen heraus mißtraute, selbst aufgesetzt hatte. Danach sollte das Einkommen aus seinem Vermögen zu fünf gleichen Teilen an jene Persönlichkeiten verteilt werden, „die im verflossenen Jahr der Menschheit den größten Nutzen geleistet haben". Genies und Forscher sollten frei sein von den Geldsorgen des Alltags. Das in Paris in schwedischer Sprache abgefaßte Testament spiegelt deutlich die Vorlieben des Stifters wider. Die mit Preisen bedachten Disziplinen wie Physik, Chemie, Physiologie und Medizin interessierten und fesselten ihn. Kunst, Architektur, Musik oder Sozialwissenschaften wurden nicht berücksichtigt. Daß Nobel einen Literaturpreis stiftete, läßt sich aufgrund seiner literarischen Interessen erklären, zumal er selbst Gedichte in englischer und schwedischer Sprache verfaßt hatte. Mit seiner vagen Formulierung im Testament, demjenigen den Literaturpreis zu verleihen, „der in der Literatur das Ausgezeichnete in idealistischer Richtung hervorgebracht hat", bereitet er dem zuständigen Komitee jährlich Kopfschmerzen. Die Ehrenliste nicht bedachter Autoren wie Tolstoi, Ibsen, Zola, Strindberg, Gorki, Kafka, Proust oder Brecht kann sich allemal neben der Riege der Ausgezeichneten sehen lassen. Die schwedische Schriftstellerin Selma Lagerlöf gehörte zu Nobels Lieblingsautoren. Sie erhielt 1909 als erste Frau den Literaturnobelpreis und wurde einige Jahre später, gleichfalls als erste Frau, in die Schwedische Akademie aufgenommen. Nach wie vor wird aus ihrem erlauchten Kreis, *„De Aderton"* (Die Achtzehn) genannt, der jährliche Preisträger für Literatur ermittelt. Den Wandel der Wertmaßstäbe für die Preisvergabe belegen unter anderem die in den letzten Jahren ausgezeichneten Autoren. Seit etwa Anfang der 70er Jahre wird das Anliegen deutlich, daß auch weniger bekannte Autoren einem größeren Publikum bekannt gemacht oder Nationalliteraturen berücksichtigt werden sollen, die international kaum beachtet werden.

Persönliche Interessen leiteten Nobel auch, den Friedenspreis zu stiften. Gemäß Testament soll der Preis demjenigen zuteil werden, „der am meisten oder besten für die Verbrüderung der Völker gewirkt hat und für die Abschaffung oder Verminderung der stehenden Heere sowie für die Bildung und Verbreitung von Friedenskongressen". Die Frage, warum Norwegen ausgewählt wurde, um den Friedensnobelpreis zu vergeben, während die übrigen Auszeichnungen in Stockholm verliehen werden, hat Nobel nicht beantwortet. Vielleicht liegt der Grund darin, daß Norwegen und Schweden bis 1905 eine Union bildeten und Nobel es für selbstverständlich hielt, beide Teilstaaten seines Vaterlandes in die Preisverlei-

hung einzubeziehen. Ein Ausschuß des „Storting", des norwegischen Parlaments, wählt jedes Jahr den Träger des Friedenspreises.

Jüngeren Datums ist hingegen der Preis für Wirtschaftswis-
senschaften. 1968 stiftete die Schwedische Reichsbank zu ihrem 300. Geburtstag diese Auszeichnung, die von der Schwedischen Akademie der Wissenschaften verliehen wird.

Damit das Geld aus dem Erbe Nobels möglichst reichhaltig
fließt – zwischen 1900 und 1953 hatte die Inflation zwei Drittel
des Vermögens aufgezehrt – erhielt die Nobelstiftung 1953 die
Genehmigung der Regierung, das Kapital auch in Aktien und
Immobilien anzulegen. Als 1901 die ersten Nobelpreise an
Wilhelm Röntgen und Henri Dunant verliehen wurden, entsprach die Preissumme dem Einkommen eines Universitäts-
professors für ein Vierteljahrhundert. Daß die Nobelstiftung in
Schweden nicht an der Steuer vorbeikommt, kann kaum überraschen. Wenn auch keine staatlichen Abgaben fällig werden,
so sind doch Kommunalsteuern, Arbeitgeberabgaben und andere indirekte Steuern zu zahlen.

6. Zu Gast bei Svenssons

„Die Dänen lieben das Essen, die Norweger das Leben, die
Schweden das Essen und Trinken", so sagt es jedenfalls ein
altes Sprichwort. Dennoch gibt es keine ausgeprägte Kneipen-
und Restaurant-Kultur in Schweden, wenngleich das gastro-
nomische Angebot über südeuropäische Einwanderer reich-
haltiger und vielfältiger geworden ist. Traditionell sind die
Schweden eher häuslich. Es ist kein purer Zufall, daß sie im
Bereich der Inneneinrichtung und des Möbeldesigns Maßstäbe
gesetzt haben, denn während man die langen, hellen Som-
merabende meist in freier Natur nahe seiner *sommarstuga,*
dem Freizeithaus, verbringt, pflegt man an den langen Winter-
abenden Familienangehörige, Freunde und Bekannte zu gemeinsamem Essen und Trinken an den heimischen Herd einzu-
laden.

Wenn man zu Gast bei Svenssons ist, dominiert nicht mehr die strenge Etikette vergangener Zeiten, die den Schweden den Ruf einbrachte, sehr förmliche Leute zu sein, doch ganz ohne Spielregeln kommt der geladene Besucher bei den „Preußen des Nordens" nicht aus. Wenn also schwedische Freunde zum Essen einladen, gilt es pünktlich zu sein, da die Mahlzeit bald eingenommen wird. Cocktails vor dem Essen sind eher die Ausnahme. Aus der Sicht der älteren Generation gälte es als unhöflich, wenn man sein Glas mit einem Schluck leerte, ohne vorher einem anderen Tischnachbarn oder der Gastgeberin mit einem „skål" zugeprostet zu haben. Es kann allerdings auch vorkommen, daß ein Tischgast dieses Ritual nicht mitmacht. So bekam ich von einem älteren Herrn auf mein gut gemeintes „skål" zur Antwort: *„Nej tack, jag är nykterist"* (Nein danke, ich bin Antialkoholiker). Schnell wird man daran erinnert, wie fest die Abstinenzbewegung in Schweden verwurzelt ist und die Alkoholproblematik des Landes geprägt hat.

Nach dem Essen bedankt sich der Schwede artig bei seiner Gastgeberin zumeist mit Händedruck und bringt sein erwartetes *„tack for maten"*, „Danke für das Essen", an. Einige Zeit später, wenn man der Gastgeberin zufällig begegnet, sagt man *„tack för sist"* und spricht noch einmal seinen Dank für die zuteil gewordene Gastfreundschaft aus. In einem Knigge der Gegenwart lauten die beiden letzten Ratschläge, wie man ein willkommener Gast wird, sinngemäß: Begib dich zu angemessener Zeit nach Hause. Wenn der Gastgeber vorsichtig fragt, ob er ein Taxi bestellen soll, dann bist du schon zu lange geblieben. Vermeide eine solche Situation, wenn du öfter eingeladen werden möchtest. Ferner solle man sich immer für die Gastfreundschaft bedanken, am besten innerhalb von zehn Tagen nach dem Essen. Unter Freunden könne das telefonisch geschehen, ansonsten sei ein schriftliches Dankeschön angebracht. Doch nicht immer geht es so förmlich zu, zumal vor allem die jüngere Generation anstelle der etwas steifen Etikette mehr auf Spontaneität setzt.

7. Einblick in die schwedische Küche

Von einst karger Kost zu kulinarischer Küche: Viele Gaumen-
freuden der Gegenwart gehen auf die Vergangenheit zurück, in
der die Skandinavier gezwungen waren, ihre Nahrung für den
langen, rauhen Winter zu konservieren, sei es geräuchert, ge-
trocknet oder gepökelt. Schon die Wikinger kamen auf ihren
Seefahrten nicht ohne getrockneten, gesalzenen Fisch und ge-
räuchertes Fleisch aus.

In einem Land der Seen und Küsten haben Süß- und Salz-
wasserfisch seit alters ihren Platz auf dem Speisezettel. Die besondere Bedeutung des Herings unterstreicht die sprachliche
Unterscheidung von *fisk* (Fisch) und *sill* (Hering). Mit *strömming,* auch baltischer Hering genannt, ist der artverwandte
Nachbar aus der Ostsee gemeint. Ebenso wie der Hering gehörte der Lachs, gesalzen, geräuchert oder gebeizt, zu den
Grundnahrungsmitteln. Eine Art Nationalgericht für Norweger und Schweden ist die als *lutfisk* bezeichnete Spezialität, die
zu einem traditionsreichen weihnachtlichen Abendessen gehört. Das ist getrockneter Kabeljau, in Lauge eingelegt, ent-
wässert und gekocht. Schon im Mittelalter wurde der Trocken-
oder Stockfisch aus dem Norden in andere europäische Länder
exportiert.

Eine Reihe salziger Fischarten bereichert heute das *smörgåsbord,* den Butterbrottisch, wie es nordisch untertrieben übersetzt heißt, denn darauf finden sich die erlesensten Leckerbis-
sen. Nach einem ungeschriebenen Gesetz beginnt man mit den
Fischgerichten und Marinaden, vielleicht mit dem *strömming*
oder dem *sill,* mal süß, süß-sauer oder sauer. Für Abwechslung
sorgen Salz, Zucker, Essig, Pfeffer, Ingwer, Meerrettich, Zwie-
beln, Petersilie, Dill, Senfkörner ... Statt Wurst und Auf-
schnitt empfiehlt es sich, beim zweiten Gang andere Fischge-
richte zu kosten: zum Beispiel Lachs oder Aal. *Gravad lax* ist
ein mit Salz, Zucker und reichlich Dill marinierter Lachs.
Nach dem Fisch geht man zum Fleisch über, etwa zum
Roastbeef oder dem Rentier- beziehungsweise Elchfleisch mit

einem der vielen Salate oder einem Kompott. Jetzt kommt erst *varmrätten,* das warme Hauptgericht. Das können schwedische Fleischklößchen sein, *köttbullar,* mit Salzgurken und Preiselbeeren, oder auch *Janssons frestelse,* die Versuchung eines Herrn Jansson, gemeint ist ein Kartoffelauflauf mit Anchovis, den ein um die Jahrhundertwende bekannter Opernsänger seinen Gästen als Nachtmahl zubereitet hatte. Mit einem Dessert oder Obstsalat endet der Schmaus, zu dem es meist Aquavit und Bier zu trinken gibt.

Das *smörgåsbord* geht auf eine Zeit zurück, in der sich die Menschen auf dem Lande zu verschiedenen Anlässen trafen und jeder etwas zu essen mitbrachte. Heute bieten oft größere Hotels und Restaurants mittags oder abends zum Pauschalpreis solch ein Buffet. Vor oder zu Weihnachten wird mit dem *julbord* eine um weihnachtstypische Beilagen (wie z. B. den Weihnachtsschinken, Leberpastete, Kalbssülze) erweiterte Variante angeboten.

Nicht zum *smörgåsbord* gehört eine Spezialität, die im Norden Schwedens zu Hause ist, der *surströmming,* ein fast verfaulter Hering. Als ich während meines Studiums von nordschwedischen Freunden zum Heringessen eingeladen worden war und diese einige sich bereits aufwölbende Dosen des vergorenen Herings geöffnet hatten, hielt mich der unausstehliche Gestank – sie dagegen meinten, es sei ein unwiderstehlicher Duft – davon ab, den sauren Ostseehering zu kosten. Bekannter wurde dieses seltsame Gericht in der Bundesrepublik, als sich vor einigen Jahren die Bewohner eines Hauses in Köln gegen eine schwedische Mieterin auflehnten und diese wegen des extremen Geruchs ihres Lieblingsgerichtes zwangen, die Wohnung aufzugeben, da sie ihren *surströmming* nicht missen wollte.

Weitgehende Einigkeit herrscht dagegen, wenn es ums Krebsessen geht. Der Sommer neigt sich seinem Ende zu, die Tage werden merklich kürzer; in Gärten, Gaststätten und auf den Veranden der Freizeithäuser baumeln bunte Lampions. Ausgelassene Heiterkeit und manchmal gar ein kleines Feuerwerk deuten auf ein Krebsessen in der Umgebung. Ein altes

Fischereigesetz vom Beginn dieses Jahrhunderts gab den Krebsfang vom 8. August an frei, so daß von diesem Datum an überall im Lande *krevtoner* (Krebsessen) stattfanden, eine Tradition, die ungebrochen fortlebt. Eine Krebspest in den 50er Jahren, die den Bestand der etwa 8 cm großen Flußkrebse arg dezimierte, führte zum Import ausländischer *kräftor,* die bis heute zumeist aus den USA und China stammen, wo man die kleinen Tierchen als devisenbringendes Exportgut schätzt, das dem schwedischen Gaumen angepaßt, in reichlich Dill gekocht und tiefgefroren auf den skandinavischen Markt gebracht wird. Die Skandinavier servieren die Schalentiere dann in den folgenden Wochen kalt, eiskalt muß der Aquavit oder Wodka sein.

Daß der schwedische Alltag jedoch nicht das ganze Jahr über aus einer Ansammlung kulinarischer Köstlichkeiten besteht, haben schwedische Statistiker kürzlich nachgewiesen. Danach gehören Fleischbällchen mit Kartoffelpüree, Hafergrütze und dünne Mehlpfannkuchen sowie Eintopfgerichte zur typischen Alltagskost. Die gelbe Erbsensuppe am Donnerstag ist dabei ein Relikt aus der katholischen Zeit, als man vor dem Freitag, dem Fastentag, eine kräftige Speise zu sich nahm. Beliebt und schmackhaft ist die saure Milch *(filmjölk)* sowie die saure Sahne *(gräddfil).* Überhaupt trinkt man in Schweden viel Milch, die relativ preiswert ist.

Irreführend erscheint der Begriff *middag,* mit dem in Schweden ein Abendessen schon ab etwa 17.00 Uhr gemeint ist, die Hauptmahlzeit, denn was bei uns das Mittagessen ausmacht, nennen die Nordländer *lunch.* Zwischen 11.30 Uhr und 14.00 Uhr etwa nehmen sie meist einen kleinen Imbiß zu sich. Einige Bezeichnungen in der Gastronomie des Landes führen ohnehin zu völlig falschen Erwartungen, legt man die Bedeutung der Wörter zugrunde, die sie bei uns haben: In der *bar,* einem Selbstbedienungsrestaurant, kann man meist aus einer Vielzahl an Gerichten wählen, schnell und preiswert essen, während ein *Cafe* eine schlichte Schenke ist, in der man etwas Warmes bekommt und ein Bier oder einen Kaffee trinken kann. Viele der als *bar* bezeichneten Gaststätten sind an passable Hotels angeschlossen oder gehören zu den Warenhäusern der großen Einkaufsgenossenschaften wie ICA oder Konsum. Die meisten Restaurants und Cafeterien bieten mittags ein preiswertes Tagesmenü an, *dagens rätt* genannt. Für 50–60 Kronen kann man meist zwischen zwei und drei Gerichten auswählen, zu denen neben Butter und Brot ein Getränk und oft Kaffee gereicht wird.

8. Ferien im Freizeithaus

Ferien- und Freizeithäuser, der Schwede spricht von seiner *sommarstuga,* sind ein typischer Bestandteil schwedischer Lebensart und Ausdruck intensiver Naturverbundenheit. Sie liegen zumeist in Bilderbuch-Landschaften, selten weit vom Wasser entfernt und gehören für viele Schweden zu ihrem Bild, das sie sich von der idealen Landschaft machen. In kaum einem anderen Lebensbereich zeigt sich so viel Originalität, Individualität und anheimelnde Lieblichkeit wie bei der Anlage der Freizeithäuser, von denen es im Lande inzwischen rund 700000 gibt. Mehr als ein Drittel der Gesamtbevölkerung hat auf irgendeine Art Zugang zu einer *stuga.*

Gegen Ende des 19. Jahrhunderts begann die Entwicklung mit dem Bau sog. „Großhändlervillen" in den Stockholmer Schären längs der Dampfschiffahrtslinien und der Errichtung von Freizeitwohnsitzen nahe den Badeorten an der West- und Ostküste. Mit der allgemeinen Steigerung des Wohlstands, der zunehmenden Urbanisierung, den Arbeitszeitverkürzungen, der Verlängerung des Urlaubs und dem Ausbau des Verkehrsnetzes in den ländlichen Regionen kamen immer breitere Bevölkerungskreise in den Besitz von Sommerhäusern. Der Strukturwandel in der Land-, Forstwirtschaft und Fischerei führte im Laufe der Zeit dazu, daß Wohn- und Wirtschaftsgebäude zu Freizeitwohnzwecken umfunktioniert wurden.

Heute lebt ein Drittel aller Freizeithausbesitzer Schwedens in der Stockholmer Stadtregion, deren Bewohner zunehmend Sommerhäuser in Mittelschweden bis nach Dalarna und Jämtland sowie auf den Sonneninseln Öland und Gotland besitzen.

Warum gerade in Schweden eine Sommarstuga in weiten Teilen der Bevölkerung favorisiert wird und auf der Skala der Statussymbole ganz oben steht, dürfte wesentlich mit der späten Urbanisierung des Landes zusammenhängen, denn viele Großstädter lebten noch vor ein oder zwei Generationen auf dem Lande. Neben dem Motiv der Ruhe und Entspannung in der Natur, dem Sich-Ausleben in der kurzen, intensiv empfundenen Sommerzeit mit ihren hellen Nächten ist es vor allem die enge Beziehung zum ländlichen Leben, die erklärt, warum nicht wenige Schweden in der früheren Heimat oder der ihrer Verwandten und Freunde einen Freizeitwohnsitz erworben haben, sei es ein reetdachgedecktes Fachwerkhaus im südlichen Schonen, ein Blockhaus in der Traditionslandschaft Dalarna oder ein ochsenblutrotes Holzhaus mit weißen Fensterrahmen und ebenso weißen Tüllgardinen in Småland.

Inzwischen wird die Anlage von Freizeithäusern jedoch zunehmend problematischer. Die starke Nachfrage der vergangenen Jahre hat die Spekulationen beschleunigt, Sommerhäuser mit höherem Komfort werden zu Kapitalanlageobjekten. Mehr und mehr konkurriert der Freizeithausbau mit dem Naherholungsraum der Allgemeinheit, vor allem im Umland der größeren Städte. Eine stärkere Steuerung zukünftiger privater Nutzung durch die Kommunal- und Landesplanung wird nicht zu verhindern sein. Neue Sommerhäuser werden zukünftig weniger in den besonders attraktiven Küstengebieten, sondern eher in den seenreichen Binnenräumen errichtet werden. Im Umland der Stadtregionen Stockholm, Göteborg und Malmö müssen sich die jeweiligen Kommunen einer neuen Herausforderung stellen. Nach Schätzungen des Landesvermessungsamtes sind seit 1970 einige zehntausend Sommerhäuser in feste Wohnsitze umgewandelt worden. Ungeplante, neue Siedlungen entstehen. Im Laufe der Zeit erwarten die Bewohner kommunale Dienstleistungen wie Schulen und Kindertagesstätten; der Bau von Wasserleitungen und Abflußkanälen in anfangs kaum erschlossenen Gebieten erfordert Investitionen, die viele Gemeinden nicht aufbringen können.

Weniger konfliktträchtig ist da schon die entgegengesetzte Entwicklung, die Umwandlung früherer fester Wohnsitze auf dem Lande in Ferien- und Freizeithäuser. Rund zwei Drittel der Wohngebäude aufgelassener Bauernhöfe werden zu Freizeitzwecken genutzt. Die obligatorische Fahnenstange mit der schwedischen Flagge, die man in seinem Nationalstolz völlig ungeniert hißt, wird, sofern erforderlich, nachträglich installiert. So erfahren Svenssons dann im Sommer, daß auch Karlssons wieder ihr Ferienhaus bezogen haben.

Anhang

1. Zeittafel

500 n. Chr.	Gebiet des Mälarsees als Machtzentrum (Svear)
ca. 1000	Schwedische Wikinger fahren südostwärts durch Rußland bis nach Byzanz
ca. 1100	Beginnende Staatsbildung; Finnland gehört nach Kreuzzügen zum Schwedischen Reich
ca. 1160	Genossenschaft Deutscher Kaufleute auf Gotland
1164	Gründung des Erzbistums Uppsala
1248–66	Birger Jarl, Begründung der „Folkunger"-Dynastie
1300–73	Die Heilige Birgitta
1332–60	Schonische Landschaften in schwedischem Besitz
1350/55	Magnus Erikssons Land- und Stadtrecht
1397	Kalmarer Union zwischen Dänemark-Norwegen und Schweden
1477	Gründung der Universität Uppsala
1517–20	Krieg mit Christian II. von Dänemark, Stockholmer Blutbad
1523	Gustav Eriksson Vasa wird König, Schaffung des Schwedischen Nationalstaates
1527	Reichstag zu Västerås
1561	Einnahme Estlands durch Schweden
ca. 1630	Schweden greift in den Dreißigjährigen Krieg ein
1632	Tod Gustavs II. Adolf bei Lützen
1583–1654	Axel Oxenstierna
1658	Frieden zu Roskilde; Schonen, Halland, Blekinge und Bohuslän werden schwedische Provinzen
1680	Stockholmer Reichstag, Beginn der Reduktion
1700–21	Nordischer Krieg
1700	Schlacht bei Narwa
1707–78	Carl von Linné („species plantarum")
1719/20	Verfassung der „Freiheitszeit"
1772	Staatsstreich König Gustavs III., Ende der „Freiheitszeit"
1786	Stiftung der „Schwedischen Akademie"
1805	Schweden wird in Kriege auf dem Kontinent verwickelt
1808	Rußlands Einfall in Finnland
1809	Abtretung Finnlands
1810	Wahl Bernadottes zum Thronfolger
1814	Beginn der Union mit Norwegen

1864	Einführung der völligen Gewerbefreiheit
1866	Ablösung des Ständereichstags durch Zweikammerreichstag
1889	Gründung der Sozialdemokratischen Arbeiterpartei
1898	Gründung der LO, der gewerkschaftlichen Landesorganisation
1905	Auflösung der Union mit Norwegen
1912	Olympische Spiele in Stockholm
1917	Durchbruch des parlamentarischen Regierungssystems
1919	Einführung des Achtstundentages
1920	Eintritt in den Völkerbund
1921	Allgemeines Wahlrecht für das schwedische Volk
1932–39	Aufbau des Sozialstaats unter Per Albin Hansson
1940	Transitgenehmigung für die deutsche Wehrmacht, Schweden bewahrt wie im 1. Weltkrieg seine Neutralität
1946–69	Ausbau der Wohlfahrtsgesellschaft unter Tage Erlander
1947	Beitritt zu den Vereinten Nationen
1952	Gründung des Nordischen Rates aus Vertretern der Parlamente und der Regierungen der Nordischen Länder
1954	Gemeinsamer Nordischer Arbeitsmarkt
1960	Mitgliedschaft in der EFTA, der Europäischen Freihandelsassoziation
1969	Olof Palme wird Nachfolger von Tage Erlander
1972	Abschluß eines Freihandelsabkommens mit der EG
1974	Annahme einer neuen Verfassung (seit 1971 Einkammersystem)
1976	Die bürgerlichen Parteien unter der Führung des Zentrumspolitikers Thorbjörn Fälldin übernehmen die Macht
1982	Olof Palme erneut Ministerpräsident
1984	Einführung regionaler Arbeitnehmerfonds
1986	Olof Palme wird ermordet, Ingvar Carlsson wird sein Nachfolger
1988	Ingvar Carlsson wiedergewählt
1991–1994	Bürgerliche Vierparteienregierung unter Führung des Konservativen Carl Bildt
1992	Abschaffung der Arbeitnehmerfonds
1994	Ingvar Carlsson bildet sozialdemokratische Minderheitsregierung
1995	Schweden wird Vollmitglied in der EU
1996	Ingvar Carlsson tritt aus persönlichen Gründen als Ministerpräsident zurück, Göran Persson wird sein Nachfolger

(*Quelle:* teilweise nach Andersson, I., Schwedische Geschichte, München 1950)

2. Schwedische Könige und Reichsverweser seit 1250

Haus der Folkunger

Valdemar	1250–1275
Magnus Ladulås	1275–1290
Birger Magnusson	1290–1318
Magnus Eriksson	1319–1364
Albrecht v. Mecklen-burg	1364–1389

Unionszeit

Margareta	1389–1396
Erik von Pommern	1396–1439
Engelbrecht	1435–1436
Karl Knutsson Bonde	1438–1441
Christofer von Bayern	1441–1448
Karl Knutsson Bonde	1448–1470
Christian I.	1457–1464
Sten Sture d. Ä.	1470–1497
Hans	1497–1501
Sten Sture d. Ä.	1501–1503
Svante Nilsson Sture	1504–1512
Sten Sture d. J.	1512–1520
Christian II.	1520–1521

Haus der Vasa

Gustav Eriksson Vasa	1521–1523
Gustav I.	1523–1560
Erik XIV.	1560–1568

Johann III.	1568–1592
Sigismund	1592–1599
Karl IX.	1599–1611
Gustav II. Adolf	1611–1632
Kristina	1632–1654

Haus Pfalz Zweibrücken

Karl X. Gustav	1654–1660
Karl XI.	1660–1697
Karl XII.	1697–1718
Ulrika Eleonora	1719–1720
Fredrik I.	1720–1751

Haus Holstein-Gottorp

Adolf Fredrik	1751–1771
Gustav III.	1771–1792
Gustav IV. Adolf	1792–1809
Karl XIII.	1809–1818

Haus der Bernadottes

Karl XIV. Johan	1818–1844
Oskar I.	1844–1859
Karl XV.	1859–1872
Oskar II.	1872–1907
Gustav V.	1907–1950
Gustav VI. Adolf	1950–1973
Carl XVI. Gustav	1973–

3. Abkürzungen

C	Centerpartiet	Zentrumspartei
FP	Folkpartiet Liberalerna	Liberale Volkspartei
LKAB	Luossavaara Kirunavaara Aktiebolaget	L K AG (Eisenerz AG, Kiruna)
LO	Landsorganisationen	Gewerkschaftsbund
M	Moderata Samlingspartiet	Moderate Sammlungspartei
MP	Miljöpartiet de Gröna	Die Grünen
NYD	Ny Demokrati	Neue Demokratie

SAF	Svenska Arbetsgivareföre-ningen	Schwedischer Arbeitgeberver-band
SAP/S	Socialdemokratiska Arbetare-partiet	Sozialdemokratische Arbeiter-partei
SGU	Sveriges Geologiska Undersök-ningar	Geologisches Landesamt
SJ	Statens Järnvägar	Schwedische Staatsbahnen
V	Vänsterpartiet	Linkspartei (früher Linkspartei Kommunisten, VPK)

4. Literaturhinweise

Weiterführende Literatur:

Andersson, I., Schwedische Geschichte, München 1950. 536 S. – Über-sichtliches Standardwerk zur schwedischen Geschichte.

Butzin, B. (Hrsg.), Entwicklungs- und Planungsprobleme in Nordeuropa, Münstersche Geographische Arbeiten 12, Paderborn 1981. – Lesenswer-te Sammlung wissenschaftlicher Beiträge zur Planungsdiskussion in Nordeuropa.

Das Schwedische Modell – Zukunfts- oder Auslaufmodell? Deutsch-schwe-dische Gespräche an der Philipps-Universität Marburg, Marburg 1994.

Gray, T., Champions of Peace. A story of Alfred Nobel, the peace price and the laureates, London 1976. – Leben und Werk Nobels unter beson-derer Berücksichtigung des Friedenspreises und seiner Träger.

Meidner, R., Hedborg, A., Modell Schweden, Erfahrungen einer Wohl-fahrtsgesellschaft, Frankfurt 1984. – Profunde Darstellung des schwedi-schen Modells von den Anfängen bis zur Gegenwart aus der Perspektive seiner Befürworter.

Menzel, U., Der Entwicklungsweg Schwedens (1800–1913). Ein Beitrag zum Konzept autozentrierter Entwicklung, Universität Bremen 1980. 193 S. – Grundlegende Studie zur wirtschaftlichen und sozialen Ent-wicklung Schwedens.

Nordeuropaforum. – 4mal jährlich in der Nomos-Verlagsgesellschaft Ba-den-Baden erscheinende Zeitschrift, in der in Essays, Interviews, Berich-ten, Analysen und Buchbesprechungen die neuesten Entwicklungen in Schweden u. a. beleuchtet werden.

Tatsachen über Schweden. – Kurzinformationen zu einer Reihe verschie-dener Themen vom Schwedischen Institut in Stockholm; kostenlos über die Schwedische Botschaft in Bonn erhältlich.

Tietze, W., Luftbildatlas Nordischer Länder. Eine Landeskunde in 120 Luftbildaufnahmen, Neumünster 1981. 270 S. – Landeskundliche Basisinformationen aus geographischer Perspektive.

Weibull, J., Schwedische Geschichte, Schwedisches Institut, Stockholm 1994. – Allgemeinverständliche Darstellung der schwedischen Geschichte.

Reiseführer:

Aus der kaum noch zu überblickenden Fülle an Reiseliteratur über Schweden kann hier nur eine kleine Auswahl getroffen werden.

Apa guides, Schweden, RV Reise- und Verkehrsverlag, München 1994, 340 S. – Der Band enthält kurze Aufsätze zur Kultur und Geschichte des Landes, stellt die wichtigsten Landschaften vor und bietet in einem Kurzführer, der allerdings aktualisiert werden müßte, wesentliche Reiseinformationen.

Claussen, G. u. H., Rund Schweden 1, Die Westküste und Vänersee, Delius Klasing, 2. aktualisierte Auflage 1995, 376 S., 197 farbige Pläne, 56 Zeichnungen, 35 farbige Fotos.– Ein ebenso informativer Führer für Sportschiffer wie der Band: Rund Schweden 2, Südküste, Ostküste, Götakanal, erw. u. aktualisierte Auflage 1996, 344 S., 175 farbige Pläne u. 72 Zeichnungen.

Dey, R., Schweden, DuMont richtig reisen, Köln, 4. Aufl. 1993, 367 S., 40 farbige u. 183 schwarz-weiße Abb., Karten u. Pläne. – Der erste Teil enthält eine Sammlung verschiedener Aufsätze, allesamt von Skandinavien-Kennern verfaßt; im zweiten Teil folgen ausführliche Reiseinformationen sowie 16 näher vorgestellte Reiseziele und Rundfahrten.

Dumler, H., Wanderungen in Schweden, 38 Wanderungen in allen Teilen Schwedens mit den Weitwanderwegen Kungsleden und Padjelantaleden, Bruckmann, 1996, 192 S., ca. 100 farbige Abb. u. 40 Tourenkarten.

Hassler, A., Schweden, Reise Know-how, Edgar Hoff-Verlag, Rappweiler 1993, 638 S. – Der Autor kennt Schweden gründlich. Nach Kapiteln über Land und Leute sowie Hinweisen zur Reisevorbereitung und vielen nützlichen Tips für unterwegs stellt er ausführlich und informativ 30 Routen quer durch Schweden dar, über 50 Karten und Stadtpläne.

Heinrichs, W., Schweden, Vielfalt von Kunst und Landschaft im Herzen Skandinaviens, DuMont Kunst-Reiseführer, Köln 1991, 432 S., 28 farbige u. 75 schwarz-weiße Abb., 177 Zeichnungen, Karten u. Pläne. Der Autor beschreibt fundiert die wichtigsten Sehenswürdigkeiten der Landschaften und Städte; dazu praktische Reisehinweise.

Lohf, R., Kungsleden, Der Weg ist das Ziel, OutdoorHandbuch 18, Stein, C, 1995, 118 S., 8 farbige Abb., 3 Karten. – Ein nützlicher Band für alle, die auf dem berühmten „Königspfad" wandern wollen, der sich über 500 km von Abisko im Norden bis nach Hemavan im Süden erstreckt.

Mehling, M. (Hrsg.), Schweden, Knaurs Kulturführer in Farbe, München, Neubearbeitung 1993, 324 S., über 270 farbige Fotos u. Grundrisse. – Ein übersichtlicher Führer durch Burgen, Schlösser, Herrensitze, Kirchen, Theater und Museen.

Quack, U., Gotland – Die größte Insel der Ostsee, DuMont Kunst-Reiseführer, Köln 1991, 312 S., 112 Abb. sowie 82 Zeichnungen und Pläne. – Ein Band, den jeder Gotland-Reisende dabei haben sollte; zahlreiche praktische Reisehinweise.

Schröder, R., Schweden: Der Süden, Merian live, Gräfe u. Unzer, München 1995, 128 S. – Das Bändchen bietet in aller Kürze aktuelle touristische Informationen; sehr brauchbar sind die praktischen Tips zu Hotels, Ausflugszielen, Sehenswürdigkeiten, Shopping und sportlichen Aktivitäten.

Steuer, H., Neuwirth, H., Schweden, Anders reisen rororo, 2. Aufl. 1995, ca. 300 S. – Neben lesenswerten Beiträgen zur Politik, Gesellschaft und Kultur des Landes enthält der Band Beschreibungen und Schilderungen der Landschaften und ihrer Bewohner vom Süden bis zum Norden. Ein Serviceteil bietet Wissenswertes von A–Z; leider keine Übersichtskarten.

5. Register

Karten

N

Lappland
Norrbotten

NORRLAND

Väster-
botten

Jämtland
Ångermanland

Härjedalen

Medelpad

Hälsing-
land

Dalarna
Gästrikland

Västmanland

SVEALAND
Värmland
Uppland

Dalsland
Närke

Bohuslän
Södermanland

Väster-
götland
Östergötland

GÖTALAND

Halland
Småland
Gotland

Öland

Skåne

Blekinge

Kartographie Huber, 80992 München

0   100   200 km

© Verlag C.H.Beck (1997)

FINNLAND

Europäisches
Nordmeer

Kiruna

Gällivare

Jokkmokk

Torneälv

Stensele

Luleälv

Piteälv

Luleå

Umeälv

Lycksele

Vilhelmina

Strömsund

Umeå

Indalsälv

Storlien

Östersund

Kramfors

SCHWEDEN

Sveg

Bottnischer
Meerbusen

Mora

Falun

Gävle

Västerdalälv

Avesta

Uppsala

Karlstad

STOCKHOLM

Vänern

Örebro

Mariestad

Norrköping

Vänersborg

Vättern

Linköping

Skagerrak

Jönköping

Väst

Gotland

Göteborg

Borås

Nord-
see

Växjö

Öland

Kattegat

Ostsee

N

Hälsing-
borg

Karlskrona

DÄNEMARK

Malmö

Öresund

0   100   200 km

Kartographie Huber, 80992 München

NORWEGEN

© Verlag C.H.Beck (1997)

SCHWEDEN

VERWALTUNGSEINTEILUNG,
BEVÖLKERUNGSDICHTE 1984

Län (Verwaltungsbezirke)

1 Malmöhus
2 Kristianstad
3 Blekinge
4 Kronoberg
5 Jönköping
6 Halland
7 Göteborg und Bohus
8 Älvsborg
9 Skaraborg
10 Kalmar
11 Östergötland
12 Gotland
13 Södermanland
14 Örebro
15 Värmland
16 Kopparberg
17 Västmanland
18 Stockholm
19 Uppsala
20 Gävleborg
21 Jämtland
22 Västernorrland
23 Västerbotten
24 Norrbotten

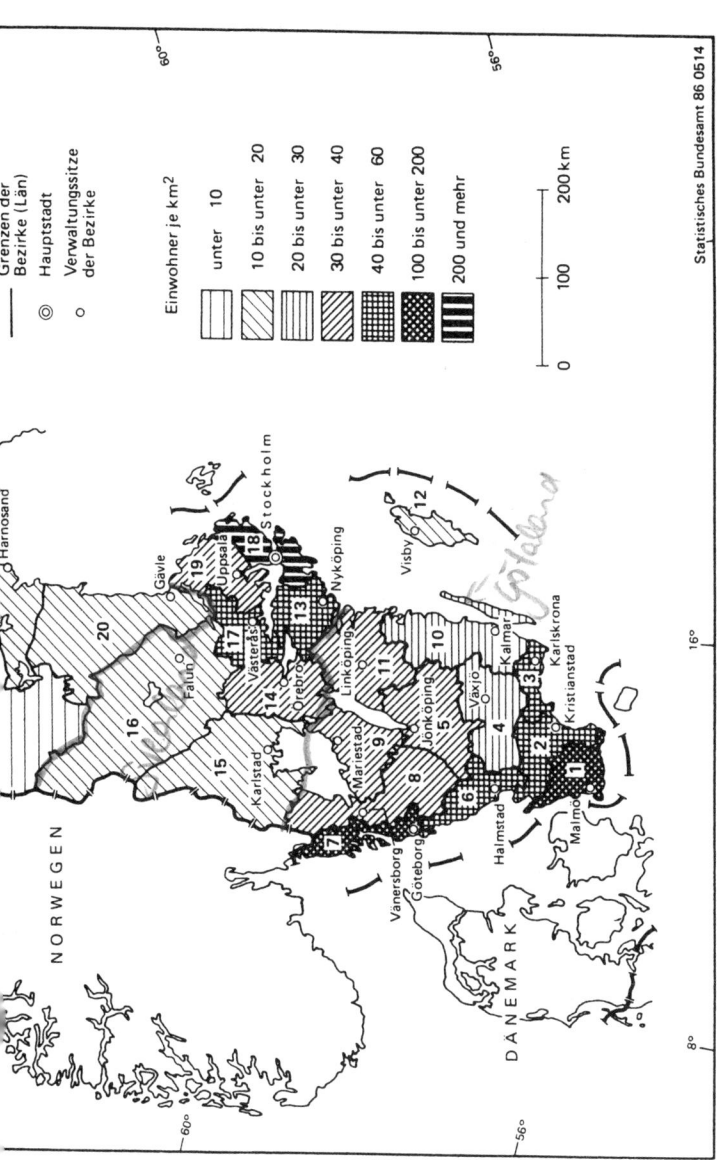

Grenzen der
Bezirke (Län)

◎ Hauptstadt

○ Verwaltungssitze
der Bezirke

Einwohner je km²

	unter 10
	10 bis unter 20
	20 bis unter 30
	30 bis unter 40
	40 bis unter 60
	100 bis unter 200
	200 und mehr

0   100   200 km

Statistisches Bundesamt 86 0514

NORWEGEN

Härnösand
Gävle
Falun
20
16
15
Karlstad
Sverige
14
Mariestad
Västerås
17
Örebro
Uppsala
19
18
Stockholm
13
Linköping
Nyköping
11
9
8
Jönköping
5
10
Visby
12
Götaland
Vänersborg
Göteborg
6
4
Växjö
3
Kalmar
Karlskrona
2
Halmstad
Kristianstad
1
Malmö

DÄNEMARK

60°
56°
8°
16°
60°
56°

Länder und Städte
in der Beck'schen Reihe

Verlag C. H. Beck München

Verlag C. H. Beck München

Verlag C. H. Beck München

Jüdische Geschichte

Franz Josef Bautz (Hrsg.)
Geschichte der Juden
Von der biblischen Zeit bis zur Gegenwart
5. Auflage. 1996. 248 Seiten mit 1 Zeittafel und 13 Karten. Paperback
Beck'sche Reihe Band 268

Wolfgang Beck (Hrsg.)
Die Juden in der europäischen Geschichte
Sieben Vorlesungen von Saul Friedländer, Amos Funkenstein,
Eberhard Jäckel, Michael A. Meyer, Jehuda Reinharz, David Sorkin,
Shulamit Volkov
Mit einer Einleitung von Christian Meier
1992. 153 Seiten. Paperback
Beck'sche Reihe Band 496

Haim Hillel Ben-Sasson (Hrsg.)
Geschichte des jüdischen Volkes
Von den Anfängen bis zur Gegenwart
Unter Mitwirkung von Haim Hillel Ben-Sasson, Shmuel Ettinger,
Abraham Malamat, Hayim Tadmor, Menahem Stern, Shmuel Safrai
3. Auflage. 1995. VIII, 1404 Seiten mit Sonderausgabe in einem Band
ohne Abbildungen mit 28 Karten im Text. Leinen
Beck's Historische Bibliothek

Wolfgang Benz (Hrsg.)
Die Juden in Deutschland 1933–1945
Leben unter nationalsozialistischer Herrschaft
Unter Mitarbeit von Volker Dahm, Konrad Kwiet, Günter Plum,
Clemens Vollnhals, Juliane Wetzel
4., unveränderte Auflage. 1996. 779 Seiten mit 27 Abbildungen. Leinen
Beck's Historische Bibliothek

Deborah Dwork
Kinder mit dem gelben Stern
Europa 1933–1945
Aus dem Englischen von Gabriel Krüger Wirrer
1994. 384 Seiten mit 39 Abbildungen und 1 Karte. Leinen

Verlag C. H. Beck München